自閉症の中学生とともに

松原六中・青空学級担任日誌

三浦千賀子

未來社

自閉症の中学生とともに

——松原六中・青空学級担任日誌——

目次

自閉症の中学生とともに

――松原六中・青空学級担任日誌――

装幀——多田　進
カバー・表紙イラスト——松本孝志

〝筆談で世のなかがひらけた〟

——中学生 知世ちゃんの三年間——

出会い

初めて知世《ちせ》ちゃんと出会ったのは、〝タンポポ学級〟で授業を見せていただいた時でした。タンポポ学級は知世ちゃんの通《かよ》う小学校にある障害児学級の名前です。勤めている中学校で新年度の障害児学級の担当に選出されたので、私は入学してくる知世ちゃん、Yさんがどんな子なのか、どの程度の障害を持っているのかを知るために、小学校を訪問したのでした。

ほかの子どもたちは机の前に座って学習をしていたのに、知世ちゃんは、教室の片隅《かたすみ》にあったマットの上に、立て膝《ひざ》をして座っていました。子どもたちの学習活動が進んでいても、知世ちゃんは無関心の様子でした。しばらくすると、手持ちぶさたのように、立ちあがって教室の窓の桟《さん》に腰をかけました。私は、さりげなく話しかけてみようとしましたが、授業中でもあり、無理はせず、時どき、知世ちゃんの様子を見るともなく見ていました。

しばらくすると、知世ちゃんが立ちあがって近づいてきました。どうするのかと思うと、私

の袖口《そでぐち》を探《さぐ》るのです。知世ちゃんが探りあてたのは時計でした。横から、担当の先生が、

「ちょうだいは?」

と声をかけると、知世ちゃんは、両手の平《ひら》を重ねて「チョーダイ」のポーズをしたのです。

「いいよ」と言うと、私の手から時計を器用《きよう》にはずした知世ちゃんは、唇《くちびる》のあたりにぶらさげて、舐《な》めるような、時計のガラスの感触《かんしょく》を楽しむような様子をしばらく続けていました。

結局、この一時間の授業に、知世ちゃんは全く参加できませんでした。そのことは、私を言いようのない不安に陥《おとしい》れました。いったい、この子にはどういう障害があるのだろうか、どう対処《たいしょ》していけばいいのだろう?

授業が終わると、知世ちゃんは、予想に反して、あっさりと時計を返してくれました。子どもたちが教室からいなくなったあと、私はタンポポ学級の担当教師に、「知世ちゃんは、どんな学習をしているのですか、どんなことに関心を持っていますか」とせっかちに、たたみかけるように、質問をしてしまいました。

マット、時計、ガラスが好き、カセットデッキできまった歌をかけて聞くのが好き、24色の色ペンで線画のようなものを描くのが好き、色紙《いろがみ》を切ったり貼《は》ったりするのも好き、とのことでした。自閉傾向で言葉は話さない、とのことです。

私は、ほとんど自信をなくしながら、タンポポ学級を退出《たいしゅつ》しました。

そして四月、入学式。それは衝撃的《しょうげきてき》で、忘れることのできない一日となりました。

在校生から新入生へ、校歌の紹介や、太鼓《たいこ》の演奏がありました。私は体育館の舞台に向かっ

て左端《ひだりはし》の教職員席に座っていました。女生徒の座席は舞台に向かって右側でしたので、私の席から知世ちゃんの姿は見えませんでした。会場がなんとなく、ざわめいたような気がした時、私は気がついたのです。知世ちゃんが舞台に向かって走りだしたことに。

こんなことは初めてでした。どうなるのかわからないまま、生徒たちが太鼓を演奏している舞台に駆《か》け上がろうとした知世ちゃんに、やっと追いつきました。そして知世ちゃんをかかえてひとまず式場から出ようと外へ向かったのですが、途中、知世ちゃんは体育館のギャラリー（階上通路）に上がる梯子《はしご》が垂直《すいちょく》に立てかけられていたところにひょいと足をのせ、のぼり始めたのです。あわてて私も梯子に足をかけ、知世ちゃんの腰のあたりを捉《つか》まえました。途端《とたん》に、知世ちゃんの体重が私にのしかかってきました。私は知世ちゃんをかかえたまま、いっしょに倒《たお》れてしまいそうになるのをやっとのことで踏みとどまり、なんとか知世ちゃんを梯子からおろすことができたのです。

このことがあって以来、知世ちゃんは、何回か、体育館の方へ走り、梯子をのぼりそうになるので、そのつど、私はあわてて追いかけたものです。知世ちゃんは、右手の指で丸い輪をつくってかかげ、その輪の中をのぞくように見上げながら走るのです。

ガラス

知世ちゃんは、ガラスというガラスを舐《な》めていきます。舐めるというより唇《くちびる》で触れるという方がいいかもしれません。どんなに汚《よご》れていて不潔そうに見えるガラスでも平気なのです。

「コ」の字型に建っている校舎の北にある〝青空学級〟の窓から、南校舎にある校長室のデコボコガラスの窓や家庭科教室の磨《す》りガラスまで、校舎中を徘徊《はいかい》してガラスに触れて、感触《かんしょく》を楽しんでいます。

でもこれは、単にガラスが好き、というものではなかったのでしょう。今から思えば、中学校に入っての不安を、一つひとつのガラスに唇をつけて確かめながら、心の均衡《きんこう》をはかっていたと言えるかもしれません。また、いろんな教師に次つぎと時計を借りていましたが、これも、一人ひとりの教師への挨拶《あいさつ》がわり、あるいは、知世ちゃんなりに教師を試し、どんな教師であるのかを観察していたのかもしれません。

入学後、しばらくオリエンテーション期間というのがあります。その間は、それぞれのクラス（通常の学級。青空学級の生徒も、それぞれの学年の原学級に所属しています）で担任が自己紹介したり、中学校生活についての簡単なガイダンスをしたり、クラスの委員、係を決めたりします。知世ちゃんは、知的障害や情緒《じょうちょ》障害、身体障害など、障害をもっている生徒が学ぶ〝青空学級〟に入級しますが、青空学級の授業が始まるまで、クラスで授業を受けることになっていました。

でも、オリエンテーションの期間からクラスで落ちついて座っていることができず、一人だけ〝青空学級〟で様子を見ることにしました。知世ちゃんは、一度、中学校へ見学に来ただけで青空学級のある場所はわかっていたようです。それだけ、自分の学習する予定の場所に注意を払っていたということが言えます。

知世ちゃんは、〝青空〟の教室に入ってきた時から、私とは決して、視線を合わそうとはせず、オルガンの上へあがったりしようとしました。そのうち、食器棚《しょっきだな》のガラスに唇をよせていたかと思うと、そのガラス戸をはずそうとしはじめ、あっという間に、はずしてしまったガラス戸を両手でかかえて舐《な》めようとするのです。あっ、危ない！ 思わず、私は知世ちゃんに近づいて、ガラス戸を取りあげようとしました。ところが、知世ちゃんは手を離さず、さらに力を入れて握りしめ、自分の胸元にひきよせて舐めようとするのです。とても危険な状態でした。

――ダメだ。無理やり取りあげることは、かえって危ない。彼女の関心を何とかこちらにひきよせなくては――、作戦開始でした。

私はその時、折り紙などを用意していました。知世ちゃんの方を見ないようにして、鶴《つる》を折る、風船を折る、船を折る、それは私の幼い時から身についた折り紙のパターンでした。折り紙を折りたたんで、チョキチョキ、鋏《はさみ》を入れ切り絵にする。そして開いて、その偶然《ぐうぜん》にできあがった模様《もよう》を見る。「ワァー、きれいな模様になったー」などと独り言《ひとりごと》をいいながら、さも楽しそうにやっている演技を一人で続けました。目の端《はし》に知世ちゃんの姿を確かめながら。

ふと思いつきました。「時計つくろうかなー」と言って色紙《いろがみ》で文字盤《もじばん》の丸いところを切る、バンドにする短冊《たんざく》を切る、バンドをのりでくっつける。「うわあ、できた。時計だ！ かわいいな、腕にまいてみようっと。」一人芝居を続けている私の目の端で、ガラス戸を元の食器棚にもどしている知世ちゃんの姿が見えました。いつのまにか知世ちゃんの視線は、私の手元に注がれていたのです。

とうとう知世ちゃんは、私のそばに近づいてきました。私の横の椅子《いす》に腰をおろしました。知世ちゃんは色紙の一枚を手に取り、静かに私にさし出したのです。時計を作って——と言っているのです。ヤッター——私は内心の喜びを隠して、さっそく知世ちゃんのさし出す色紙で時計を作ってあげました。「数字も入れようね」、私はペンを持って12・3・6・9と書き入れていきました。一つの時計を作ると知世ちゃんは、別の色紙をさし出しました。何回も何回も作りました。私がわざと数字を書かないと、知世ちゃんはペンを私に渡して、数字を書いてと要求しました。

第一回戦は私の勝ちでした。

コブ

知世ちゃんの右手の親指の根元《ねもと》にはコブがあります。ある時、いっしょに入学してきたYさんにたたかれたとき、泣き声を出しながら、そのコブのあたりを自分で思いきりかみました。思うようにならない時に、怒りやイライラを表わしてかんだためのコブだということがわかりました。また、自分で自分の頭をたたいたり、言葉で訴えることができないことは、自傷行為《じしょうこうい》となって表われることが多いということがわかりました。

入学してから、知世ちゃんが関心を持っていると思えたのは音楽です。私が片手で下手《へた》なオルガンをひいていてやめると、私の手をひいてオルガンのそばに行きます。だから、本格的に授業が始まって音楽の教師が来てくれるようになると、オルガンをひいてもらうのがうれしいらしく、その先生を何度もオルガンの方へ引っぱって行きます。

私が生協で見つけた教材のきれいな色のビニールシール（マルや三角や細長いのやら、いろいろな形のがある）を台紙に自由に貼《は》っていくのにも関心を示しました。その教材を私が教室に持っていくと、自分でとって作業を開始します。色紙で切り紙をする、時計を作る。時計は、自分で色紙を丸く切って作ろうとするのです。とても意欲的です。

畑作業は苦手《にがて》のようでした。作業をするためにみんなで運動場に出ると、知世ちゃんは、さっと走って朝礼台の上にあがっていくのです。そして斜《なな》め上に手をあげて、指で輪を作り、その向こうにある空を見上げています。なかなか降《お》りません。叱《しか》られてやっと降りると、今度は、プールの方に走って行きます（後《のち》に、プールでの水遊びが大好きなことがわかるのですが）。こっちへおいでと手を引いて畑のところへ連れてきても、いつのまにかさっと走って、今度は校舎の裏まで行ってしまいます。そこは池のほとりで、校舎の日陰《ひかげ》になっていて涼《すず》しいのです。知世ちゃんは、他の生徒もめったに近づかない、校舎の裏のガラス窓に顔をよせています。

その畑作業の日が授業参観になりました。新入生のお母さんたちが作業を見守ります。知世ちゃんは、その日もやはり同じことをくりかえしました。初めての授業参観は、さんざんでした。翌日《よくじつ》、連絡帳にお母さんの厳《きび》しい要求が書いてありました。

「しかり方がだいぶ甘いとみました。逆上《ぎゃくじょう》というのが不安と思いますが……それも経験して下さい。何回か怒《おこ》っているうちに、逆上も分かってきます。甘やかしたら、そのまま成長はありません。お尻《しり》でも背中でもたたいて下さい。今、何をしなきゃいけないのか、言い聞かせて下さい。芋・ピーマン植えたら時計さわってもいいよ、とか、リードをお願いします。知世の方が8、先生のリードが2と思いました。反対になってほしいです……（略）知世のパターンにはまらないように、先生のパターンに、はまる様にしてほしいです。びしびしおしかり下さい。」

私は、かなり落ちこみました。確かに、お母さんの言うように、私は、どう叱《しか》っていいのか迷っていたのです。でも、そう見通しが甘いとは思えませんでした。時間がかかるだろうこと、興味を持たせながらやらせていく方が本物になるのではないか――など、私なりの考えもあったからです。私は、「研究します。時間を少しくださいね」と連絡帳に書きました。

しかし、お母さんの指摘《してき》もあったので、知世ちゃんが作業の手を抜いていたら、私は軽く知世ちゃんのお尻《しり》をたたくことにしました。それは、結構《けっこう》、効果がありました。

「ちーちゃん、ちゃんとやりなさい。お尻ペンペンするよ」そう言いながら、手が軽くスカートに触れるぐらいにペンペンするだけで、知世ちゃんは、すぐに作業にかかろうとしました。お母さんの言う通りでした。その後、毎日、くりかえして行なうような作業は、何でもできるようになりました。ただ、草抜きのように腰をおろしてする作業は、筋力が弱いのか、すぐ腰をあげてしまい、形だけになってしまいやすいのです。

小学校の授業参観で、知世ちゃんが何もしていなかった場面が頭に残っているだけに、一時間の授業に集中して、ビニールシール貼りや、色紙の作業をすることは驚きでした。マーブリング（水面に絵の具を落とし、そっと指でかきまぜ、絵の具が作り出した波紋《はもん》を画用紙などに写し取る）をした時は、大変な興味を示して、目がよく集中していました。

私は、なんとか知世ちゃんと言葉と文字に関する学習がしたいと思っていました。それで、知世ちゃんが好きなものを、お母さんに教えてもらいました。「うどん」や「時計」などの絵を大きくかき、その横にひらがなの文字も書いて用意しましたが、見せようとすると、知世ちゃんは席を立ちました。知世ちゃんの目の前で、小さい画用紙に色ペンで時計の絵をかいて「と、け、い」という文字を横に書くと、色ペンを次つぎと渡すようになりました。そこで私は、知世ちゃんのさし出す色ペンで、いろんな色の時計をかき、「と、け、い」の文字も添《そ》えました。そういう時、知世ちゃんは、なぜか拒否《きょひ》しませんでした。

私は知世ちゃんに本の世界の楽しさを知ってほしかったのです。けれども、絵本を読んであげようと思って絵本を見せると、自分でパタンと閉じて、本立てにもどしてしまいます。大きな壁にぶつかってしまいました。

「赤とんぼ」

知世ちゃんの好きなもの、ということで、小学校から借りていたものが二つありました。

一つはカセットテープとデッキで、知世ちゃんが好きな歌（童謡《どうよう》）がたくさん入っています。もう一つは、知世ちゃんが座ったままで線画が描けるテーブルと、24色の色ペンです。私はそのテーブルに、知世ちゃんがいつでも描けるように、白い画用紙をとめておきました。知世ちゃんは、手もちぶさたの時に、そのテーブルの前に座りこんで独特の線画を描いていきます。

色彩感覚がとてもいいのです。自由自在な線を描いて、その線で囲まれた部分を好きな色でぬりつぶしていきます。でも、学校の授業によく参加するようになってから、そのテーブルの前に座ることは次第に少なくなってきました。

音楽のテープは小学校の低学年向きの童謡が多いのですが、知世ちゃんは休憩《きゅうけい》時間、授業中の区別なく、カセットデッキのスイッチをオンにします。時かまわずかけることをやめさせたい、できれば、このテープを卒業させたい、そうしないと知世ちゃんの大きな成長はない、なぜか私にはそう思われました。ある時、テープがかからなくなりました。知世ちゃんは私の手を引っぱってデッキのそばまで連れていきます。「なおしてほしい」と言っているのはわかっていましたので、デッキの調子を見てから「故障《こしょう》しているよ」と言いました。その日はあきらめた知世ちゃんでしたが、また次の日も私の手を引いてデッキのそばへ。同じことをくりかえしているうちに、あきらめたのか手を引っぱらなくなりました。私はなんとかして知世ちゃんの行動パターンを崩《くず》したかったのです。このテープの曲にひたっている間は変えられない、そう思ったのです。

「山の音楽家」「幸せなら手をたたこう」「大きな栗《くり》の木の下で」等々、みんなが歌っている時は、手をあげ輪をつくって、そこを見上げながらリズムに合わせて身体《からだ》を動かせる知世ちゃん。手話や動作《どうさ》を入れると、ところどころ自分でもまねをしたり、興《きょう》にのってくると、リズムに合わせて手をたたいたり、時には、ぴょんぴょん跳《と》びあがっています。そういう時はニコニコ顔になって、とてもいい表情をします。

五味太郎さんの美しい絵本『ひらがな』を見てお話しをしようとしても、すぐパタンと閉じてしまいます。それ以来、ある時、「て」の絵のところで「手のひらを太陽に」をうたうと、じっと見ています。そうすると、ひらがなの文字についている絵に関連した歌をうたってあげることにしました。と、歌に関心をもっているからでしょうか、自分でもパラパラと本をめくって前のように本を横に〝ポイ〟はしなくなりました。「手のひらを太陽に」をうたういきます。手の絵に私の手を持っていって重ねたり、「雪やこんこ」(「雪」)をうたいながら、絵の中の雪の白いポツポツを指でトントンとリズムをとってあげると、次の時間は、私の指をもってそのポツポツをリズミカルにたどったりするようになりました。

ある日、とんぼの絵のページで「赤とんぼ」をうたっていると、知世ちゃんの表情がうっとりとなり、「負《お》われてみたのはいつの日か」のフレーズでは、ササーッと窓ぎわに走りよって、指で丸い輪をつくり、その中から空を見上げているのです。まるで向こう側に夕焼け空が広がっているように。それは、なんとも可憐《かれん》な姿でした。

そのあと「赤とんぼ」を何回もうたわされたのは言うまでもありません。何回うたっても、知世ちゃんは同じ箇所《かしょ》で、窓ぎわに走りより空を見上げるのです。ほかのページに進んでも、自分でとんぼの絵のページにもどし、私の手をもってとんぼの絵を指させ、うたうように要求するのです。いつまでたっても終わってくれないので、こわれたレコードのような変な声で〝ゆ〜う〜や〜け〟とうたって「故障」と言うと、やっとあきらめてくれました。

これからしばらく「赤とんぼ」の日々が続きました。でも、知世ちゃんとの距離は、一歩近づいたように思えました。やがて「赤とんぼ」の歌へのこだわりが少なくなり、「めだかの学校」「月の砂漠」「ハッピィ・バースデイ・トゥ・ユウ」なども好きになってくれました。私は毎日、五味太郎さんの絵本をみながら、知世ちゃんのCDになりきっていました。

知世ちゃんは、ハサミを上手に使えるし、調理実習も、こわがりながらでも、興味をもってとりくもうとしました。体操は、筋力が全然ないという感じでしたが、見よう見まねでなんとかやろうとしました。

畑作業をさぼって校舎の裏の池のフェンスに走っていった時、私が叱《しか》ると、私を手で囲んでくっついてきました。お母さんによると、それは「悪いことをしてごめんなさい」の表現だそうです。内言語は、たくさんあると思えましたが、それをどう理解し、どう表現させるかは非常に困難で、一学期、私は有効な手段を見出せませんでした。

クラスの生徒の中での知世ちゃんは、学年集会でみんなといっしょに並んで座っているところを見るぐらいでした。集会の途中、手をあげて指の輪の中から体育館の天井《てんじょう》や電球を見ていたり、突然、手をたたいたり、「アッアー」と声を出したりしていました。クラスの女生徒がそのつど注意をしてくれていましたが、知世ちゃんは、とてもききわけがよかったです。

授業に参加できる知世ちゃんになっていましたが、授業の質をどう高めるか――この厳しい課題に応《こた》えきれる自信は、その時の私には、まったくありませんでした。

生理

二学期になりました。形（△○□など）のマッチングは上手にできましたが、絵と文字のマッチングになると、あまりやりたがりません。

水をつけた筆で字を書くと習字のように書け、乾《かわ》くと何度も使える台紙を生協で手に入れ、試してみると、とても興味を持ちました。三色（赤・緑・黒）の台紙があり、書いた文字が美しい色で浮きあがるのが楽しかったようで、しっかり視線を合わせて見ています。それで、私の手を添えて、名前を書く練習をしました。これはいやがりません。何度も書いているうちに、知世ちゃんが手を動かしているのが伝わってきました。

色画用紙を細長く切ったもの二色を、互い違いに編み合わせて、小さなしきものを作りました。「うえ」「した」「うえ」と声をかけながら編んでいきましたが、自分で色テープをさしこもうとする知世ちゃんの意欲を感じました。

ある日、知世ちゃんが何か作っているので見ていると、なんと、色紙《いろがみ》でブランコを作っているのです。前に私が色紙を切ったり貼《は》ったりしながら作っているのを見ていて、それを思い出して作っているので感心しました。

「線路は続くよ」の歌の時、ひじを曲げて両手を前へ出し、車輪のように回す動作をしました。すると知世ちゃんは、私の手を自分の背中に回して、後ろから、動かしてほしいという意志を示しました。

十月の初め、生理が始まりました。連絡帳に、お母さんが「ナイト用の大きなのをつけさせようかと思っているのですが？……」と悩みを書いて下さったので、私は、「それはダメ、そんなことを初めにしたら、ずっとパターン化してしまって知世ちゃんが途中で変えられなくなる、一生の大事やから、ちゃんと付け替えさせましょう」と返事をしました。それ以来、生理になったら、連絡帳に書いてもらい、いっしょにトイレに入りました。

「ちーちゃんジャージーおろして」「はい、それでいいよ」「ナプキンはずして、紙でクルクル巻いて」（実際にやってみせる）「はい、あの三角コーナーに捨てて」「はい、おしっこしてでないの？　おしっこシャーシャーチョロチョロ、あっ出てきたね」「トイレットペーパーでふいて」「前しっかりふいてね」「はい、水で流して」「ナプキン、つけよう。紙から出して」「はい、つけて」「はい、パンツあげて」「ジャージーもしっかりあげて」「じゃあ手を洗おうね」

一つ一つ、段階を踏んで、細かく声をかけて自分でやってもらいました。その後、トイレにいっしょに入る時は、キャーキャーうれしそうに笑うようになりました。そして、自分で上手《じょうず》に処理ができるようになりました。

このころから、ちょっとしたいたずらをわざとしては、見つけられて、おこられて、キャーキャー笑っていることが増えてきました。教師との触れ合いを楽しんでいると思えました。

習字で「ちせ」は、しっかり書けるようになり、自分から、もう一枚とって書こうとする意欲も出てきました。文字への抵抗が少しなくなってきたかな、と思えました。

地区の「なかよし運動会」で「人間っていいな」を踊《おど》ることになりました。ポンポンを作るところから始め、それを持って踊りました。みんなと同じようにはできませんが、跳《と》びあがったりしながら喜びを表わしています。くるりと回るところもわかっていて、自分なりに回っています。

絵カード

時計がほしい時、両手の平《ひら》を重ねて「ちょうだい」をするので、今度は、私が「ちょうだい」をすることにしました。どれだけ物の区別ができているのかが、わからなかったからです。ひらがな絵カード（表は絵、裏は文字）を五枚ぐらい並べて「ちーちゃん、とけいちょうだい」と私がします。取れないのでそのカードを渡してあげてから「ちょうだい」と言うとくれます。この方法によってしだいにやり方がわかってきた知世ちゃんは、「りんご」とか「れいぞうこ」「たまご」など、身の回りの、よく知っているものについて、少しずつ絵カードが取れるようになりました。

五味太郎さんの絵本に「のこぎり」が出てきたので、「のこぎりギリギリ」と言って、手で切るまねをすると、今度は、私の手をもって動かして切るまねをします。「ひげ」の絵では、私が「おひげ」と言って、手で顔の下にひげがあるしぐさをすると、今度は、自分であごをさすって、やってもらいたそうにします。絵や、言葉への関心がずいぶん高まってきているなと思えました。

このころお母さんの連絡に、うれしい言葉を見つけました。

「土曜日に友達と、知世の生理の話で、ナプキンの話をしていたら、風呂からあがるとナプキンをつけていました。生理でもないのに話を聞いていたのですね。朝とって、ゴミ箱に入れたので、怒って、どこへすてたのというとゴミ箱を指さしました。言ったことに指さし、こたえたので、とてもうれしいでした。」

自閉症児がなかなか指さしをしない、お母さんにとっては、たったこれだけのことでもうれしいことなのです。指さしは、人間どうしのコミュニケーションの第一歩だからです。

十一月の中頃には、自分の知っているものの絵カードが「ちょうだい」によって、たくさん取れるようになりました。お母さんが書いて下さいました。

「毎日、コツコツ勉強させていただいた結果が出来た事と思います。心より感謝致します。ありがとうございます。上手に指導されました事、尊敬しています。

生きていたら、いやな事もありますが、うれしいうれしい夢みたいな事もあるんですね。次は何ができるかたのしみです。

今日、ぞうきん洗っていたら、そこらじゅう大そうじ、ふきそうじをしてくれました。テレビの画面、人形ケース、額、窓、机など。それが、さまになっているのです。学校でも頑張ってそうじしているのかな？

そのうち数字１・２・３・４・５も取れたらいいですね。ちょっと欲がすぎますね。」

お母さんと知世ちゃんの今までの苦闘《くとう》を思うと、胸がつまる思いがしました。

ひらがなから、次はカタカナの絵カード取りをやってみましたが、「スプーン」「オルガン」

「ノート」「フライパン」「テレビ」などと、自分で知っているものは、次つぎと取れたのです。

ある時、連絡帳を書いていると私のペンを取りあげようとするので、おかしいなと思っていたら、自分でひらがなカードを出してきて、やろうというのです。自分から勉強をしようと働きかけてきた知世ちゃんに、心の底から力がわいてくる思いでした。カードは慣《な》れてくるのに従い、十〜十五枚ぐらいのセットで、次つぎと新しくしていきました。カタカナ文字の絵カードは、驚くほどよく取れたのです。

知世ちゃんは身体を動かすことが好きです。マットに座って両手をもってギッチラコしたり、マットにくるんであげると、キャーキャー喜びます。丸めたマットに座らせて、後ろに反《そ》り返るようにギャッチラコすると喜んで、それ以来、自分でマットを丸めておいて座って、やってほしいと要求します。「翼《つばさ》を下さい」の歌が好きになりました。みんなで歌っていると、途中で何かをじっと見つめるような表情になり、つと、立ちあがるのです。思春期の入口に入ってきた知世ちゃんの心の成長を見る思いがしました。

声

一月から、文字のなぞり練習をはじめました。今まで学習した、知世ちゃんの好きなもの、ひらがな言葉、家族についての言葉（家族一人ひとりの写真をコピーして、その下に「おとうさん」「おにいさん」などと書いておく）を練習しました。

このころ、知世ちゃんが文字に関心を持ちはじめていることを、五味太郎さんの絵本学習で感じました。いつのまにか絵の横のひらがな文字を指でたどっているのです。魚の絵だったら、大きく「さ」と書いてあるのを、たどるのです。それにヒントを得て、今まで学習したひらがな絵カードの「とけい」「いぬ」「りんご」などの形を、色紙《いろがみ》で切りとって画用紙に貼《は》り、その下にそれぞれのなまえを、点線で書いて、なぞってもらいました。色紙《いろがみ》を使うのは、きれいな色が好きな知世ちゃんが関心を持ちやすいからです。

ひらがなのカード取りをする時、いつも知世ちゃんが四十六枚のカードを机の上に、きれいに並べてくれます。並べながら知世ちゃんは、カードを裏返して、ひらがな文字をじっと見るようになりました。それで知世ちゃんの指をもって、なぞらせて、読んであげます。

自分で文字を見るということは、文字が読めてきている証拠《しょうこ》ではないでしょうか。文字がわけのわからない記号ではなくなってきたのです。

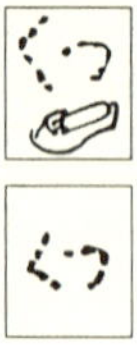

私は今まで学習したカードを、手づくりの文字カードにし、上図のようなそれぞれ二種類のカードを十セットぐらいつくり、まず絵の入っている方を知世ちゃんに取ってもらって、取れると、文字をなぞってもらいました。その時、できるだけ鮮明《せんめい》な文字になるように、マジックインクでなぞってもらいました。次に文字だけのカードを五枚ずつぐらい並べて取ってもらい、またなぞる、というくりかえしをしました。知世ちゃんがなぞっている時は、その手の動きに合わせて「くー」「つー」と、私が横で声を出しました。これは、のちのちの学習まで、ずっと守ってやったことです。

ときどき、人手が足りなくてほかの先生に知世ちゃんを見ていただくと、知世ちゃんがだまって書いているあいだ、それにまかせておられることがありましたが、発語できない知世ちゃんに代わって発音してあげることは、大事なことだと私は思っています。それは知的障害の子どもたちにとっても同じです。スラスラ文字が読めない子が練習している時、横で声を出してあげることで、本人の脳へのインプットのしかたが違ってくると思えるのです。

このころになると知世ちゃんは、一時間の授業に集中できるだけではなく、後片《あとかた》づけもきっちりやれるようになりました。他の生徒といっしょに作品づくりの作業をする時、人の使ったハサミを、気がついて片づけてくれるなど、人のことをよく見ているなと思えました。

市の作品展に出す共同作品として貼《は》り絵を作っていた時、知世ちゃんは、色紙《いろがみ》をちぎっては貼っていく根気のいる作業が苦手《にがて》らしく、ときどき、わざと手をかむまねをしました（もう本気でかむことは、ほとんどなくなっていました）。何もせず、よそ見を続けている時に、私がお尻《しり》ペンペンや、指を角《つの》にしてオニの顔になって叱《しか》るしぐさをすると、あきらめて、じっと作業にとりくみます。

調理実習は好きで、作っている最中《さいちゅう》に、ちょっと手にとってなめたり、つまみぐいをします。洗った食器をふきんでふくのはとても上手。一番苦手なのは、ガスの火の調節。おこのみ焼きをフライ返しで返すのがこわそうで、へっぴり腰になっておそるおそるやっています。包丁《ほうちょう》を使うのもこわそうでした。

青空教室に貼ってある時間割を、そばにいって指さしていることがあります。時間割は学級全体に共通している時間と、一人ひとりの子どもの学習状況に応じてグループ分けしている時間とで組まれていて、全員が同じではありません。指をもって「知世ちゃんの次の授業は○○よ」と言って正確にさしてあげます。時間割を見る、ということもうれしい変化の一つです。

ダンス

ある休憩《きゅうけい》時間、私は「知世ちゃん、踊ろう」と言って、両手を広げて「山の娘ロザリア」のフォークダンスを一人で踊って見せました。そして知世ちゃんに、両手を広げてもらい、向き合って両手を合わせました。

山の娘　ロザリア（右、左に2ステップずつ）

いつも一人　うたうよ（右、左に2ステップずつ）

青い牧場《まきば》　日暮れて（右手をつないだまま2回転と2ステップ）

星の出るころ（右手をつないだまま2回転と2ステップ）

高校時代にやったフォークダンスです。はたして歌詞が合っているのか、振付けが合っているのか疑問でしたが、思いつくままにやってみました。レコードもない私の地声の歌で。知世ちゃんは最初、とまどっていたようですが、次第に私のペースに巻き込まれてきました。

このダンスが、思いがけず知世ちゃんのお気に入りになり、その後、知世ちゃんは、両手を広げて私に近づいてきては、毎日、毎日、ダンスをしてほしいと要求するようになります。特に、くるり、くるりと回るところが気に入って、キャーキャーと笑います。このダンスをすることによって、私の目をしっかり見ることが多くなりました。私は、踊りながらいつのまにか私自身が癒《いや》されていくのを感じました。知世ちゃんから力をもらっているような不思議《ふしぎ》な気分です。その後、「コロブチカ」とか「マイムマイム」の踊りも少しずつとり入れました。

連絡帳を書くとき「○○ができるようになったね。かしこくなったね」などと声を出しながら書いていると、連絡帳をのぞきこむようになってきました。

顔に関する「絵・文字」カードを練習していくうちに、自分の「みみ」や「はな」をさわるようになりました。言葉と実物を確認しているのでしょう。

中学一年生の一年間で、いろいろ気がついたことがあります。

その一つは、知世ちゃんの歩き方です。体重を後ろにかけて歩くのです。階段を降りる時も、両手を前へ上げてゆっくり降りるのです。歩く時、友達や先生に手を引いてもらって歩いていたからだと思えました。受身の姿勢《しせい》なのです。運動場でランニングをする時も同じなのです。だから早く走ることができません。私やほかの教師が知世ちゃんより数メートル先に行って、「知世、早く」と言いながら走ると、両手を広げて泳ぐように走ってくるのです。「体重を後ろにかけないで歩く、走る」が課題となりました。

時間割の突然の変更にはパニックになります。一時間目は、〝青空〟のみんながそろう授業にしていました。ところが、学校全体の時間割変更で、一時間目の授業がクラス（原学級）の授業になることがあるのです。でも知世ちゃんは納得《なっとく》せず、クラスに行こうとしません。なんとかクラスの教室へ連れて行って授業をしている教師を見せると、やっと納得します。また、めったにない集会が一時間目にある時も、外へ出ようとしないので困ったことがあります。

「みんな外へ出ているよ、知世だけだよ」と言ってそのことを目で確かめさせると、ほんとうだとわかってはじめて納得しました。体育大会のための放課後の練習で、帰れると思っていたのに帰れず、大泣きに泣いて、先生や友達を困らせたこともありました。

パニックになると、手をかんだり、自分の頭をたたいたりします。ドンドン跳びあがりながら涙を流す時もあります。だから、時間割の変更や学校行事については、事前に、ゆっくり説明をしてあげないといけないのです。できるだけわかりやすい方法で。

もう一つは、石けんを泡《あわ》だてて手を洗えないことです。中学生になるまで、顔を洗うのもお母さんが熱いタオルでふいてあげていたということがわかって納得しました。そこで手を洗う時に、私自身も洗いながら実際の様子を見せて、「はい、石けんつけて」「ごしごし泡を立てて」「手のウラも洗って」と、一つ一つ声かけをしました。これはお母さんにもお願いしました。

一年生の終わりごろになると、青空学級から帰る時、何冊かある連絡帳の中から、自分のものを抜きとっていくようになりました。みな同じ型のノートなのですが、「知世」という自分の名が読めているのでしょう。

入学してから大きく変わったことは、授業に積極的に参加できるようになったことです。私が教材をいっぱいかかえて教室に入っていくと、机に置いた教材やプリントを自分で手にとって見ています。「今日は何をするのかな?」と、その日の学習を楽しみにしているような表情になるのです。その姿を見ていると、入学時の絶望的な思いはウソのようで、私も満たされた気分になり授業を始めることができます。

文字カード

二年生になってすぐのある日、連絡帳に、お母さんから、うれしい話が書いてありました。
「本日も沢山《たくさん》の友だちが家まで送って下さってありがとうございました。六人位いました。私は二階のベランダから見ていました。わざと鍵《かぎ》をかけていました。知世がカバンから鍵を出して開けました。そしてキーを抜こうとしても、ちょっと、取りづらいようでしたが、友だちが手を出そうとせず、知世がキーをとるまで待ってくれました。キーをとってカバンに入れてから戸を開けて入ると、みんながバイバイと言ってくれました。ほんとうにありがとうございました。」

この学年の生徒たちは、青空学級の生徒たちに本当によく、手をかしてくれます。一年生の時の学年集会で「できることは自分でさせて下さい。どうしてもできそうになかったら、その時は手をかして下さいね」と頼んでいたのですが、そのことの意味を、よく理解してくれていたと思います。

また、「このごろ朝起きると、トイレに行って、すぐに洗面所で顔を、だまっていても、洗います」とありました。お母さんが、意識的に、いろいろ取り組んで下さっている様子が伝わってきます。「きれいに顔を洗わないと、もてませんので?」という冗談《じょうだん》も忘れずに書いて下さって。

二年生になって、絵カードだけではなく、文字だけのカードも、よく取れるようになってきました。「とけい」のカードを取ると、裏返して「と」と書いてある字の上を自分の指でなぞり、その他のカードも、同じようにしようとします。私は知世ちゃんの動きに合わせて「と」と、その字を必ず発音してあげます。

ハサミ使いも確実に上達《じょうたつ》しています。かなり複雑な形でも、紙をくるりくるり回しながら切れるようになりました。一年生の時は、むずかしくなると、途中でやめて、「切って」と、紙とハサミをさし出していたのです。一つの作品をつくったあとは、必ず名札《なふだ》をつけます。鉛筆をもった知世ちゃんに手をそえて「ち書いてごらん」「はい、つぎはせ」と声かけしていくと、自分で手を動かして書くのがわかります。

文字カードが取れるようになったことについてのお母さんの言葉です。

「文字だけのカードとれるようになったら赤飯をたくと言っていたような気がします。まさか、と思ったりしていました。考えられないでもないですが、そんなにたくさんは、とれないと思っていました。うそみたいですね。一度、赤飯を持って行きたいですね。言葉が出たら、朝会で、あいさつをするのが夢です。焦《あせ》らず、一段一段ものにしていくのが一番大切だと思います。カードのご苦労、誠《まこと》にありがとうございます。」

子どもの成長を、親と共に喜び合えること、これほどうれしいことはありません。

知世ちゃんは、文字の練習プリントを、一時間に六枚ぐらい集中してやれるようになったのです。私が教室にもってきた教材を、自分で、次つぎ探《さぐ》ってやろうとするのです。私自身は、カード取りや文字のなぞりプリントの学習がいくらできても、決してそれで良いとは思っていないのです。豊かなお話の世界へ知世ちゃんを誘《いざ》なってゆきたかったからです。

障害者問題を考える紙芝居《かみしばい》を手に入れました。一つは車椅子《くるまいす》の女の子が一人で外出してデパートで買い物をする話。もう一つは、耳の聞こえないお友達と友達になる話です。知世ちゃんが、二回とも、じっと聞いていたのに感心しました。あまり言葉が自由に言えない車椅子の女の子が「ア・リ・ガ・ト・ウ」と言うところなど、じっと見つめていました。知世ちゃんが物語らしい物語に関心を示したのは、これが初めてのように思いました。

それまで、意味のない文字の学習はさけてきましたが、いよいよ系統的なひらがな学習に入りました。カードを並べて「あ」の段、「か」の段と、順に五枚ずつ取ってもらったのですが、とてもうれしそうにしていました。いつのまにか、ちゃんと取れるようになっていたのです。カードが取れないことがありますが、それはわからないのではなく、視線が離れている時です。たとえば、十枚以上のカードを並べると、目の前の分は取れるが、周辺部はそちらへ視線を移動させないと取れません。

点線をなぞらないで文字を書く練習に入りました。だいたい形はわかっているようなのですが、うまく手が動きません。くるりと回す線が特に書きにくいようです。でも、がんばって書こうとします。ひらがなは、ほとんど判別《はんべつ》できるようになりましたが、手首が固く、回りません。「手首をぐらぐらにしてやわらかくしないと書けないよ」と言って、私の手首をぐらぐらしてみせると、形だけマネをしています。

このころ、カードは「家族」「身体の名まえ」「好きなもの」など十セットぐらいできるようになっていました。毎日、自分で並べてとっては、知世ちゃん専用の箱にきちんと片づけます。そして残り時間でプリントを何枚か学習するという状態で、少しもいやがらず、よく集中できていました。そこで、少し文に入ることにしました。

「は・し・も・と・せ・ん・せ・い・は・い・つ・も・あ・お・ぞ・ら・に・き・て・く・れ・ま・す。」と、私が一字ずつ発音し、知世ちゃんの手をもって一字ずつ書いてもらいます。書きにくい字もありますが、ほとんど、自分で動かして書けています。養護教諭の橋本先生はいつも青空学級をのぞいてくれました。〝青空〟をよく理解して、忙しい仕事のあいまにきてくれては、一人ひとりに話しかけ、その子に応じた働きかけをしてくれた橋本先生。まだ若いけれど、すばらしい先生です。子どもたちも、先生のことがよくわかっていました。

S先生の時間に、教室にあるものの名称を書いて、そこにカードを貼りにいかせてもらったところ、ほとんどわかって、貼りにいったとのことでした。このころ、ひらがなカードを任意《にんい》で十枚並べた中から、こちらが言ったカードを、しっかりと取れるようになりました。

七月のある日、短縮《たんしゅく》授業に入っていましたが、知世ちゃんは、四十分間でプリントを、なんと十一枚やりました。そして、O君の日記帳をビニールシートに入れてあげたり、K君、E君の連絡帳もカバンに入れてあげているのを見て、私は驚いてしまいました。

知世ちゃんが二年生になった時、入学してきた後輩《こうはい》のH君（この生徒も言葉の出ない自閉症児でした）に私が手を添えて教えていると、しっとして、手をひっぱったりして、自己主張するようになりました。

夏休みの間に畑の雑草が一挙《いっきょ》に伸びてしまったので、草抜きをしました。大人でもその多さにいやになってしまう状態でしたが、ちせちゃんは一回ずつ抜いては捨てにいきます。抜き続けて、まとめて捨てにいくということはできません。中腰《ちゅうごし》のまま作業を続けられないからです。でも、今までのようにプールや校舎裏へ走っていくことがなくなったので、感心しました。

クラスの仲間

青空学級では、いつも朝の会をします。はじめに、みんなの日記を素材《そざい》に話し合います。日記の内容を深めていきたいためですが、それよりも書いてきたことを大切に評価しています。日記が書けない子は、お母さんからの連絡の内容を紹介して話題にしています。

知世ちゃんのお母さんは、たとえ短くてもいつも何か書いて下さいました。このことはとてもありがたかったです。

ある時、連絡帳から、知世ちゃんがお母さんとスーパーに買い物に行ったことを紹介していますと、知世ちゃんはとても喜んでいました。それで、そのことを連絡帳に書くと、お母さんは、もっともっと詳しく書いて下さるようになりました。野菜の皮むきが上手になったり、ハンカチにアイロンがけを上手にしたりと、お母さんも、なんとか知世ちゃんがなんでもできるようにと取り組んで下さっているのがよく伝わってきます。買い物に行くと、知世ちゃんは必ず自分の好きなものをカゴに入れるとのこと。ベーコン、ガム、チョコレート、カロリーメイト、ラーメンなど。入学してきたころスマートだった知世ちゃんが次第に肥満気味《ひまんぎみ》になり、買い物を制限していただくように、後にお願いすることになります。また、一人でふとんを敷いてねたり、ブラジャーを上手につけることができるようになるなど、娘さんらしくなってきたのです。でも困ることがあります。いつも同じ服を着るのです。夏でも、きまった長袖での上《うわ》衣《ぎ》を着ます。汗で着てほしくない時もあるので、お母さんがかくすと、あきらめて、やっと別の服を着てくれるというのです。

　プランターの古い土を出して、そこへ石灰《せっかい》などを入れ、かき混《ま》ぜて土をよみがえらせる作業をしました。その土を再びプランターに入れて運ぶのです。どうかなと思いましたが、プランターの片方を持ってもらったら、なんとか力を抜かずに運んでくれました。今までは、重いものは持ちたがらず、すぐ落としてしまったのです。へっぴり腰ですが、だいぶ筋力がついてきたのか、力も強くなっていました。

　休憩《きゅうけい》時間に私が連絡帳を書いている最中《さいちゅう》、よく私のペンを持とうとします。早く終わって「山の娘ロザリア」のダンスをしてほしいのです。結局、知世ちゃんのダンスにつきあうことになってしまいます。明かるい笑顔、キャーキャーという歓声《かんせい》、視線がしっかり合い輝いている目、こんな知世ちゃんをみると、とても断われません。

　一年生のときは放課後の体育大会の練習で大泣きした知世ちゃんでしたが、二年生になると、よくわかっていて、十日ぐらい続くハードな練習にも耐《た》え、一回も泣きませんでした。クラス（原学級）の友達の助けもあって、百メートル走も、障害物走もやりきったのです。物事《ものごと》の意味が理解できることが、パニックを克服《こくふく》すると思いました。

体育大会の後で、クラスの生徒たちに、青空学級の授業を見てもらうことにしました。障害を持つ仲間への理解を求める話を何回くりかえすよりも、それが一番いいのではないかと思ったのです。授業時間割の中で組んで、全クラスの生徒に見学してもらいました。

ある生徒は、こう書いてくれました。

「この前、青空の授業風景を見に行った。Yちゃん、そして3年のT君とK君がいて社会の勉強をしている所だった。最初は地図記号の勉強で、K君の答える速さにおどろいた。K君は、自分がわかっていれば、それでいいという考えは全然もっていなかった。となりのT君がまだ書けていなかったら、横で、一緒に「消防署」とか言ってあげたり、T君が当てられて分からなかったとき、一緒に考えてあげたりしていた。私は大切なのは、これだったんだなあと思った。Yさんもエくんも必死になってがんばっていた。三浦先生も、みんなに分かってもらうまで一生懸命教えていた。青空学級の子や先生の本当にがんばっている姿を見ていると、なんか、自分もこれからがんばらなという気にさせられた。」

私が期待していた以上に、子どもたちが自分の目で大切なところを見ていたことは驚きでした。私がほとんどあたり前に受けとめていたT君とK君の関係についても、生徒たちは自らの仲間関係と比べながら、新鮮な気持ちで受けとめたようです。どの生徒の作文も、内容があり、おざなりではなく、よく観察しているのです。

昨今、中学生に、心が育っていないと嘆《なげ》かれることが多いですが、本当は、物事に感動する心をしっかり持っているのです。要は、本当のことにいかに触れさせるか――教師側の教材の選択《せんたく》のありようにかかっているように思えるのです。

この授業参観をきっかけに、それまでもやさしい生徒たちの集団が、一層、ハンディキャップを持つ仲間への理解を深めていったように思います。

筆《ひつ》談《だん》

青空学級の授業で、私は主として国語（ことば）学習の担当をしていますが、数の概念《がいねん》がなかなかつかみにくいようだと数学（かず）の担当の男性教諭から聞き、どれだけわかっているのか試してみることにしました。

指さしして数えてから、手を添えると数を書きます。国語と同じで、指さしする時、知世ちゃんの動きに合わせて「一」「二」と声を出してあげるのです。また、指で  と示してそれと同じカード[1][2][3]を取るのも、「ちょうだい」方式でやると、ちゃんと取れます。簡単な数はわかっているのです。ことばで表わせないから測定できないだけだと思うのです。

ある日の放課後、青空教室で教師の会議をしました。机や椅子《いす》がバラバラになっていましたが、そのままにしておいたところ、あくる朝行くと元どおりになっています。「誰《だれ》が直してくれたの?」と聞くと、「知世ちゃんがした」と他の子から答えが返ってきました。これには驚きました。集団の中での自分の位置まで目がいくようになっていたのです。

トーキングエイドという言語指導のための教具を借りたので「お・と・う・さ・ん」と打つと「お父さん」と声が出ることを示したり、「みうらせんせいとちーちゃんダンスします」と打って声を聞かせてあげると、喜んではいましたが、決して自分でやってみようとはしません。当時、青空学級にはもう一人、言葉が出せない子がいましたが、同じです。トーキングエイドに関心を持ったのは、知的障害はあるけれど言葉を話せる子ばかりでした。

十一月に入ったある日、絵本を読んであげました。いつものようにすぐ先へとめくってしまいそうになるのを指でとめて読んでいると、はじめて絵本に接した時とはちがい、本を閉じようとしませんでした。それで、うれしくなって三冊続けて読んでしまいました。絵本を拒否《きょひ》しなかったのは初めてです。知世ちゃんの視線が、いつのまにか絵本に向いているのです。

人に対して、どれだけ自分の気持ちを持っているかということを知るために、「お母さんすきですか?」と聞いてから、鉛筆をもった知世ちゃんの手に私の手を添えて書いてもらうと、「はい」と書きます。「お父さんすきですか?」「はい」、「Yさんすきですか?」、私はちょっと、いじわるな質問をしました。「いいえ」と書きました。Yさんは、明かるく、とてもリーダー性のあるいい子なのですが、時どき、人をたたいたり、つねったりするのです。体格の大きい子なので、それはそれは痛いのです。同じ学年の知世ちゃんも、たびたび被害にあっていたのです。「はい」と「いいえ」を使い分けて書いたことに驚きました。

後から考えると、そんなことで驚くなんて、知世ちゃんに対して失礼なことだったと思っています。お母さんも、お家で同じことを質問したそうです。「Yさん　好きですか?」には、知らん顔をして手を上げなかったそうです（知世ちゃんは「はい」を手を上げて表わしていました）。

体育の時間、大玉の上でころがったり、マットを体にまいてころがるのが好きです。ランニングは嫌いでしたが、自分で少しずつ走れるようになっていました。苦手だった大きなバスケットボールでのパスも、両手で受けたり、少し放れるようになりました。

青空の仲間のＯ君の車椅子を自分で押そうとするなど、対人関係でも、少しずつ成長が見られるようになりました。

国語の時間に、カードを取るのにすっかり慣《な》れて、キャーキャー喜んで声をあげています。

十一月に授業参観がありました。

「参観見て、私がびっくりしたんで、みんながびっくりするのも無理ないですよね。やる気がみられました。意欲満々って感じ、どうやってしつけたか不思議。」

とお母さんが書いて下さいました。十二月の連絡帳にも、

「学校へ勉強と、しつけに行っている感じでうれしいです。べんとう食べにだったら、ちょっとかなしいですが……。本日は私が帰ったら、ふとんも敷いてねてました。勉強疲れしたのでしょうか？　笑いますね。いつもにこにこ学校へ行くので、とてもうれしいです。」

と書いて下さいました。ユーモアある言葉から、お母さんのうれしさが伝わってきます。

作業をする時、まるで話しているように声をよく出しています。音楽の時間も身体を揺《ゆ》らしながら「アーアー」と気持ちをこめて歌うように声を出しています。笑顔が本当に増えました。

このころ、お母さんが連絡帳に、「家でテープを聞いて、アーアーと歌っているようです。以前はアーアーも出ていませんでしたので進歩と思います。」と書いて下さっています。

大泉公園へ行った時、大すべり台に一人で登って行き、両手で手すりを持ってすべり降りました。勇気があると思いました。ブランコも好きで何回も後ろから押してもらいたがりました。

三学期の初め、お正月について、プリントで、いろいろ質問してみました。

「おぞうにを食べましたか」「はい」

「お年玉をもらいましたか」「いいえ」

「鏡もちをそなえましたか」「はい」

「みかんをたべましたか」「はい」

「カルタであそびましたか」「いいえ」

「はつもうでで、おまいりしましたか」「はい」

はたして知世ちゃんとの筆談がうまくいっているか自信がなかったので、お母さんにみてもらいました。「お年玉…」は「はい」と「いいえ」のまん中に○をしたので、もう一度書いてもらうと「いいえ」になってしまったのですが、私が知世ちゃんの動きを正しくとらえられなかったのでしょう。それだけがまちがいで、あとは全部あっていました。

『はらぺこあおむし』の絵本が、とても気にいって、「月よう日　○○を食べました」のところで、うれしそうに食べるまねをしています。一人でもその絵本を出してきては見ていて、穴《あな》があいていて数えるところでは、自分で指を入れて数えようとしています。

　はじめて詩を教材にとり入れました。こわせ・たまみさんの「こゆび」という詩です。「小指ってどれ？」とたずねると、自分で小指を握ってくれます。ほんとに賢《かしこ》いなあと思いました。

十五分間続けてのランニングに取り組みました。その間、カセットレコーダーで音楽を流しています。あれだけ走るのが苦手《にがて》で、体重を後ろにかけて走って（歩いて）いたのに、かなり継続《けいぞく》して、しかも、少し前傾姿勢《ぜんけいしせい》で走れるようになってきました。

数の勉強をしている時、時間がなくなったので「もうしなくていいよ」と言うと、パニックになり、しかたなく、チャイムが鳴ってからもう一枚やるというありさまでした。

リフト

スキー合宿が近づいたので、スキー合宿のイメージが少しでも具体的《ぐたいてき》にわかるように、スキーやリフトなどのカタカナことばの学習もしました。

いよいよスキー合宿です。岐阜県の荘川《しょうかわ》スキー場に行きました。雪質がとても良く、サラサラしています。すべってころんでも、ほとんど汚《よご》れないような雪です。

一般生徒は、十人ぐらいで一グループを作り、インストラクターにグループごとに指導を受けるという形態でしたが、青空学級の生徒は無理だろうということで、本部の小屋の前あたりで教師がつきそってソリにのせたり、スキーをつけて少し歩いてみたりしました。

小屋で待機《たいき》している時、知世ちゃんが、遠くを見て、何度も小屋の外へ走り出しそうになるのに気がつきました。右手でつくった輪を高くあげて、どこかを見ているのです。そして「アーアー」声を出しています。「知世、どうしたの?」私は思わず知世ちゃんの右手を持ち、そのひとさし指で私の左手の手の平に書くようにもとめました。

すると書いたのです。なんと「リ・フ・ト」と。知世ちゃんがカタカナを書いたことにも驚きましたが、「リフト」に乗りたいと意志表示できたということが大きな驚きでした。同僚《どうりょう》のI先生に「知世、リフトって書いたよ。先生もやってみて」と言い、I先生もやってみると、本当に書いたのです。それで急遽《きゅうきょ》リフトに乗せることにしました。教師が前後に一人ずつついて。知世ちゃんのうれしそうな顔。リフトから降りる時、こけそうになりましたが、こりずに、その後も何回も乗りたがりました。

書くことによって自分の思いが実現できるなど、これまでの知世ちゃんの人生には、なかったことでしょう。

お風呂

スキー合宿で入浴の時間になりました。私は女生徒の入浴指導にあたっていました。時間を決めてクラスごとに入らせます。知世ちゃんのクラスのグループがやってきました。知世ちゃんが、お風呂にどのように入るのか気になっていましたので、そのグループが入室してから、少したって行ってみました。湯気にけむる中、知世ちゃんの姿をやっとみつけ、あっと驚きました。他の生徒が水道の前に座って身体を洗っている時、知世ちゃんも座ってはいましたが、何もせず座っているだけなのです。私はあわててジャージーのすそをまくり上げ、知世ちゃんのそばに行き、体を洗ってあげました。

合宿から帰ったあと、私は、お母さんに厳しい要求を手紙に書きました。

「お母さん、お風呂に入って自分で洗わせる練習をして下さい。生理の時のように一つ一つ声かけすればできると思います。学校では、お風呂の練習はできません。三年生の修学旅行までに何とか自分で洗えるようにお願いします」と。正直言ってショックでした。家での知世ちゃんは、まるで幼児のように扱われているのだろう。これでは、学校でいろいろ取り組んでも追いつきません。

失礼なことを書いてしまったと思いましたが、大丈夫《だいじょうぶ》と思いなおしました。子どものために親と教師が互いに手を結びあうこと、互いの立場で言いたいことが言える関係をつくっていくことは、大切なことだと思います。さっそくお母さんが、取り組みを開始してくださいました。

「風呂の練習をゆっくりと始めています。期待して下さい。できそうです。背中のタオル、クロスにみがく、上手にしていました。かしこいな。三浦先生にノートにかこうかと言うと笑っていました。」

「リフト」の件があっていらい、知世ちゃんとの会話をもっとしなくてはと思いました。

——ちいちゃん、今日はどこへいきましたか?

「さくひんてん」(こんなことばが使えることが驚きです)

——でんしゃはどこでおりたの? 「かわにしえき」(よくわかっていました)

——だれのお母さんが来てくれましたか? 「Kくん　Oくん　Nさん　Hくん」

——ついていった先生は誰ですか? 「ちかこせんせい　Hせんせい」

——むこうで待っていてくれた先生は? 「こうちょうせんせい」

――おくってくれた先生は？ 「Tせんせい」

――作品展で何を見たの？ 「(意味不明)」

――きのう、三和《さんわ》（スーパーの名）に買い物に行きましたか？ 「いいえ」

――お風呂にはいった？ 「いいえ」

――なぜはいらなかったの？ 「かぜをひいている」

――きのう、だれとねましたか？ 「おかあさん」

――ゆうべ、ごはんなんばい食べましたか？ 「2はい たまちゃん（？）たくさんたべた」

買い物とお風呂はちがっていました。お母さんは「きのう」と「きょう」の区別ができていないのでは、と書いてくれました。「たまちゃん」とは、たこやきなど、いろいろ食べたことでした。通じないこともあるが、こんなに会話ができる――驚きでした。

ある日、知世ちゃんが、突然、私の手を自分の手にのせて書きました。

「ちせちゃんはちかこせんせいすきです」と。

びっくりしました。お母さんも「夢のまた夢みたいですね」と驚いておられました。

お母さんが、お風呂の練習について書いてこられました。

「 風呂は毎日といった位入ります。ひどい風邪の時か、先にねたとか（入らないのは）それぐらいです。石けんをタオルにつけるのに力がなくあまりつかないので、あわがでにくいです。それで一番に手（うで）を洗うと、すぐに洗面器につけて、それで胸、背中と洗っています。ゆっくりがんばりたいと思います。シャンプーも以前は、後頭部だけ洗っていましたが、今回は前頭部の方を洗っています。横がなかなか洗えません。それまでに、シャワーしてしまいます。ゆっくりがんばりたいと思います。一人でできない事はないのですが、きれいに洗えてない状態です。」

それからも、いろんなことを筆談で話し合いました。

——ちいちゃん、お母さんと買い物に行きましたか？「いいえ」

——きのうお風呂に入ったの？「はい」

——自分でからだ洗いましたか？「はい」

——えらいね、じぶんでできるの？「はい」

——頭はじぶんであらったの？「いいえ」

——お母さん？「いいえ」(??)

——朝はごはんですか？「いいえ　パンです」

——牛乳のみましたか？「はい」

——ウインナーは？「いいえ」

——今日の朝、自己紹介の時なぜおこったの？「Tくんが　なにもいわないから」

——ほかに理由ある？「そうです」

——T君にハキハキしてもらいたかったの？「そうです」

お母さんが連絡帳に「笑います」と感想を書かれていました。

筆談で会話をするようになってから、前にも増して学習意欲が感じられるようになりました。

チャイムが鳴っても、次のプリントを自分でさがしてやろうとするのです。

知世からの質問

三月のある土曜日のことです。予定していた球技大会が雨で流れたので、二年生の生徒全員にアニメ映画「対馬《つしま》丸《まる》」を見せることになったのです。学童疎《そ》開《かい》の船、対馬丸が、学童を乗せて航海中、攻撃を受けて沈没《ちんぼつ》してしまうのです。

知世ちゃんも、みんなといっしょに見ていました。船から投げ出され、木などにつかまって、流され、沈みそうになり悲鳴をあげている子どもたちの場面が映されていた時、知世ちゃんは、まるで自分自身が漂流《ひょうりゅう》しているように、ワアーワアー声をあげていました。その様子を見ていた二年生の教師たちは誰からともなく、「知世、わかっているのとちがうか!?」と言い出したのです。じつは私も、同じことを考えていました。それで、さっそく青空学級での授業で筆談して聞いてみました。

——知世ちゃん、土曜日、映画見たね。なんという映画でしたか？

「つしままる」（えーっ、船の名もわかっている）

——どんなことがおこった時の映画ですか？　「せんそう」

——なんで、対馬丸という船にのったの？　「そかいをするため」

——そかいってなに？

「せんそうでいえがやかれるので　ちがうところへいってせいかつさせます」

（すごい!!　そんなこともわかっているの!?）

――船はどうなったの？　「せんそうでしずみました」

――乗っていた人はどうなりましたか？　「みんなしんでしまいました」

――生き残った人いますか？　「います」

――みんなが死んだことは、村の人々に知らされましたか？　「いいえ」

――なぜ知らせないの？　「せんそうのときは　ほんとうのことをしらせないのです」

――知らせたら、どうなると思うからですか？

「みんな　せんそうにいくのがいやになるからです。みんなちがうことばかり　おしえられていたのです」（えっ、こんな話、誰にきいたの？）

――知世は、あの映画見てどう思いましたか？

「ちせちゃん　とてもかなしかったです」

――泣いたのですか？　「いいえ　なかなかった　みうらせんせいは？」

――最後に死んだ人の名前がいっぱい出てきたとき涙が出ました。

――戦争のこと、どう思う？

「ちせちゃん　あんなせんそうは　もう二どとおこらないでほしいおもいます。ちかこせんせいはどうおもっていますか？」

――先生も戦争には反対です。二度とおこらないよう、先生もがんばります。

ほんとうに、ほんとうに驚きました。知世ちゃんは、内容も深く、理解しているのです。しかも、自分の考えもしっかり持っているのです。夜、私はお母さんに電話をしました。

「知世のこと、ぜったいに幼児扱いしたらあかんよ。なんでもわかっているよ。これからは一つひとつ、わかると思って、なんでも教えてあげて下さいね。」

まちがいなく知世ちゃんが手を動かしています。そして、私への質問を返してきたのです。

「ちかこせんせいはどうおもっていますか?」この知世ちゃんからの質問がなかったら、私は、ほんとうに知世ちゃんが書いているのか、自分でも疑ってしまったと思います。

S先生さようなら

三年生になりました。いよいよ最終学年なので、知世ちゃんの自立にむけて、できるだけのことをしていこうと思いました。

三年生になって最初に感心したことがあります。それは、クラスでのオリエンテーション期間中のことです。一年生の時は、二階にあるクラスにおれないで、青空教室にずっと来ていました。二年生の時はときどき来ました。三年生になってからは全《まった》く降りて来なくなったことです。知世ちゃんの中に一年間のリズムがようやく定着してきたからでしょう。

それと、初めて視力が測定できました。「いまから視力をはかります。C（わっか）あいているのは右、左、上、下のどこですか？　この図のどれか答えて下さい」と図に書いて説明しました。そして教室に行って知世ちゃんの番の時に、実際に図を示して指でさして答えてもらいました。小学校以来、知世ちゃんの視力が測定できたのは初めてだったのです。

離任式がありました。体育館に全校生徒が集まり、転任される先生の挨拶《あいさつ》を受けて、生徒たちは、先生たちを送ります。S先生とK先生の挨拶があった時のことです。S先生の話を聞きながら、知世ちゃんは、両手の握《にぎ》ったこぶしを重ね、何度も交互《こうご》に上下させてしていました。そして大きく手を広げては、手を打っていました。まるで拍手をするように。

これは、何かを表わしていると予測できたので、身体測定の時（離任式のあとは身体測定になっていました）知世ちゃんと筆談してみました。

――離任式がありましたね。だれ先生が転勤したのですか？「Sせんせいと K せんせい」

――知世ちゃん、あの時、手で何をしていたの？「げんこつやまのたぬきさん」

――なんでしたの？「Sせんせいとおわかれだから」

――やっぱり。わかっていたよ。だから、さっき、S先生に知世のこと伝えたよ。

「ちかこせんせいありがとうございました」

――いいえ、どういたしまして。知世ちゃん拍手していましたか？「はい」

――S先生と別れるのどう思う？「かなしいとおもいました」

やはり思ったとおりでした。校長室にS先生がおられる時、このことを伝えると、それまでにこやかにされていたS先生の目から、どっと涙があふれました。

げんこつ山のタヌキさん　おっぱいのんで　ねんねして
だっこして　おんぶして　また　あした
「げんこつ山の…」というところで、こぶしを上下にくっつけるのです。いつも知世ちゃんと歌遊びをしてくれたS先生に、知世ちゃんは舞台の下から、誰よりも熱いエールを送っていたのです。

漢字学習

五味太郎さんの漢字絵本がありました。わかりやすい絵と漢字。色彩も美しいです。これを使って漢字学習に入ろうと思いました。知世ちゃんは抵抗しませんでした。小学校一年生の漢字が中心です。父、母、上、中、下、右、左、などから出てきます。知世ちゃんには、やさしすぎるかもしれないと思いながら、いろいろ話しながら絵本を見ていきました。あとでこれらの漢字が読めているかどうか筆談で確認すると、全部わかっていました。

絵本『ぼくのいまいるところ』の学習では、

――知世の住んでいる町は？「おか」

――何市ですか？「まつばらし」

そのあと「おおさかふ」「にほん」「ちきゅう」と正しく答えることができました。絵本をみながらキャーと喜んでいました。絵本を拒否したころのことが、うそのようです。

夜、お母さんの新聞の集金を手伝うようになったということをお母さんから聞きました。新聞の雑誌とビニール袋を持って、渡していく仕事です。上手《じょうず》に渡すそうです。家では、台所の手伝いもやらせて下さっています。買い物のこだわり（同じものを自分でとってカゴに入れる）への取り組みは、まだうまくいかず、カゴに入れるのをやめさせようとすると泣いておこるそうです。かんづめを缶切り《かんき》でスイスイ切れるようになったと、お母さんが喜んでおられました。そのことが書いてある連絡帳を読んであげると、うれしそうにしています。

知世ちゃんは作品づくりがとても好きです。クレパスをカッターナイフできざみ、二つ折りした画用紙の片面に、何色《なんしょく》ものクレパスのくずを、バラバラと好きなようにまいて、片面でフタをします。その上からアイロンをかけると、クレパスが溶《と》けて、左右対称のおもしろい作品が出現します。知世ちゃんは自分の作品にアイロンがけしたあと、それを見て、跳《と》びあがって喜んでいました。これは幼稚園の先生に教えてもらった作品づくりの方法です。

音楽の時間は、手話、手遊び歌などに取り組んでいますが、知世ちゃんは、うれしくてしかたがないようで、机をたたいて喜んでいます。

しゃぼん玉は、大きなのをふくらませることは難しいです。すぐにピュッと吹いてしまって、液が下に落ちてしまいます。でも、少しずつ上手になりました。家でもお母さんが、風船をふくらませる練習をしてくれました。最初、お母さんが二回ぐらい吹いて道をつけてくれてから、知世ちゃんが大きく何回もフーフーと吹いてふくらませることができたそうです。お母さんが、「やった！やった！」と手をたたいて喜んでいたら、にこにこしていたそうです。

漢字の絵本は、あっというまに終了。読めることがうれしそうです。

修学旅行

いよいよ修学旅行です。

筆談で五月二十一日から二十三日までの日程について、知世ちゃんがどれだけわかっているか質問しながら、確認しました。

東京ディズニーランドに行くこと、その時は私服でいいこと、こづかいは一万円以内ということもちゃんとわかっていました。第五福竜丸《ふくりゅうまる》の見学が日程に入っていることもわかっていて、船の名も漢字で書けました。その船が、まぐろ漁船であるということも知っていましたが、水素爆弾《ばくだん》を受けたことは知りませんでした（広島や長崎に落とされた原爆については知っています）。浅草見物をしてから、おみやげを買うことになっていましたので、「誰に買うの？」と聞くと、父母、兄、青空学級の友だちの名をあげました。持ち物も、よくわかっていました。

問題は、ディズニーランドでの九時間の自由行動でした。

この学年には、知世ちゃん以外に、肢体《したい》不自由のO君、感情のコントロールが難しいNさんがいて、三年生の学年生徒会では、この三人の仲間とどう行動するのか、何度も話しあいました。子どもたちが出した結論は、時間帯に分けて、クラス（原学級）の各班といっしょに行動するということです。そしてクラスだけにまかせず、全学年から、この三人といっしょに行動してくれる班を募集し、クラスの班といっしょに行動してくれることになりました。これには全クラスから、たくさんの班が応募してくれました。

ディズニーランドの各ゾーンごとに、班から班へタッチする場所も決めて、綿密《めんみつ》な計画が立てられたことは言うまでもありません。食事もディズニーランド内のレストランで、ミールクーポンを使って、班ごとに自由に食べることができます。自分たちは食べる時間がなくなったのに、次の班にタッチする前に知世ちゃんだけ、食べさせてくれたり、おしっこを失敗したO君のことを先生に連絡してくれたり、生徒たちも、本当によくがんばってくれました。

知世ちゃんは、メリーゴーランドや、ダンボやジェットコースターに乗りたがり、班から班へタッチしてからも、一度乗ったものにまた乗ろうとするので、タッチした班が途中で道を変えたり、いろいろ工夫《くふう》してくれました。

九時間の自由行動が終わって、知世ちゃんたちのクラスのバスの前で待っていると、ある班の生徒たちが男子も女子も泣きながら乗りこんできました。

「三浦先生、すみませんでした」

と泣きながら頭を下げていく男子。私はその時、わけがわかりませんでした。

あとで、やっとその理由がわかったのです。知世ちゃんが自分の乗りたい乗り物のところへ走って行ってしまって、迷子になったのです。それで、その時の担当班の男子も女子も必死になって探してくれたのです。ちょうどパレードが始まってしまったので、行列に道筋をはばまれたりして、知世ちゃんを探し出すのに苦労したようです。知世ちゃんを迷子にしてしまったのは、自分たちの責任と感じ、泣いてくれた生徒たちの姿には感動を覚えました。

そんなみんなの苦労を知ってかどうか、知世ちゃんはディズニーランドで、思いっきり楽しんだのです。修学旅行の作文は、筆談による方法で、しっかり書きました。

「21日はバスにのって大阪えきへいきました。しんかんせんにのりました。しんふじでおりました。ホールアースのしぜん学校へいきました。やまをあるきました。とてもけわしいところでした。木がいっぱいはえていました。ちせはこけませんでした。こわくなかった。

22日はディズニーランドへいきました。クラスの子といきました。メリーゴーランドに3回のりました。ダンボに3回のりました。とてもおもしろかった。ちせちゃんパレードみました。しらゆきひめやおおかみをみました。班の人にめいわくかけました。ちせちゃんおなじものばかりのりたがってこまらせました。

みんなとてもやさしくしてくれました。

ありがとう。」

自分がみんなを困らせたこともよくわかっている知世ちゃん。でも〝楽しさ〟の方が勝ってしまって、わがままになってしまったのでしょう。

屋上にあがって学校の周辺を見てから、四方位の学習をしました。知世ちゃんが自分の家がどちらにあるか、ちゃんとわかっていたのには感心しました。この学習の復習をほかの先生とやったとき、方位を「漢字で書くの?」と、知世ちゃんにたずねられて、その教師はびっくりしたそうです。

他の先生と筆談がうまくいかないときでも、できたつもりの知世ちゃんは、赤ペンをその先生に渡して、丸をつけるよう要求します。その教師が「もう一度書いて」と言うと、「わからないの!?」というようにおこります。それでも、気をとりなおして、また、鉛筆をもって書こうとするのです。

ある日、トイレを見ると、スイカの種や赤い果肉の繊維《せんい》がいっぱいついていて驚きました。知世ちゃんがお腹をこわしていたのです。制服も下着も洗って、乾燥《かんそう》させました（青空学級には、洗濯機も乾燥機もあります）。何か言いたそうだったので筆談用の紙を出すと、

「ありがとう　ちゃんとしてくれて」と書きました。

お母さんの連絡帳には毎日、何かうれしいことが書いてあります。

「いっしょに風呂に入ってシャンプーの練習をしました。茶わん一個洗ってくれました。食事運んでもらいました。ねる前に筆談で、おやすみとかきました。」

「火曜日は、ガム卒業といってサンワ（スーパーの名）でやめさせました。チーズとベーコンは買いましたが……。夜、散歩に行った時、かしこかったね。今日、ガムかわなかった。ちかこ先生に連絡帳にかいとくわ、ほめてもらえるで、と言うと喜んでいました。」

この連絡帳を読んで、私が「ガム卒業ね」と言うと、机をたたいて喜んでいました。

物思い

海遊館へ行った時のことです。このとき、サンタマリア号という船に乗りました。知世ちゃんはデッキに立って、ずっと海を見ていました。あとで書いた作文に、

「ちせはふねのうえからみていました。うみのみずをみていました。とてもきれいなうみでした。」

と書いたので、「海だけ見ていたの？」と聞くと、

「そうです　うみだけみていました　うみをみるのはすきです　とてもすがすがしいからです」というのです。

私は、私自身の若いころを思い出しました。私も船に乗るのが好きで、デッキに出てじっと海を見つめ、波や、船のスクリューのおこす渦《うず》、航跡《こうせき》、そしてカモメをいくら見ていてもあきなかったことを。知世ちゃんが、物思う年ごろ、思春期そのものであることを思いました。

花火　　武鹿悦子

おむかいのおばあさんが
亡《な》くなった
どこにも
失《な》くなった
この世から
無くなった
ゆうべの花火の
火のように
けさは花火の音だけが
こころの空で鳴っている

武《ぶ》鹿《しか》悦子さんの「花火」という詩を読んだ時のことです。


——亡くなるとは？

「しぬことです　どこにもいなくなる」

——亡くなったのは？

「おばあさん」

——この世とは？

「みんながいきている　よのなか」

——ゆうべとは？

「よるのこと」

——花火のように死んだ、というのは？

「はなびは　すぐきえてなくなる」

——けさは花火の音だけがこころの空で鳴っている、
　というのは？

「おばあさんがしんで　さびしいきもち」


と、すばらしい読みとりをしました。

お母さんからの連絡帳にまた、うれしいことが書いてありました。

「何を考えたのか、自分からお手伝いをしてと言わなくても、してくれました。びっくりしました。

洗濯物を洗濯機からとって干《ほ》さないかんなーと言って私が茶わんを洗っていたら、かごに洗濯物を入れて二階へいって干していました。ほめてやりました。また夕方になって、私がとり入れて、そのままにしていたら、二階からカゴに入れておろして、たたもうとしていました。タンスの前に置いてくれました。私にも、どうなったのか、わかりません。」

人間の成長は、ある時、急に目をみはる飛躍《ひやく》をなしとげるものでしょうか。このころの知世ちゃんは、一つの面で伸《の》びていると思うと、いつのまにか他の面でも成長しているのでした。

筆談で自分の気持ちを表わせるようになってから、知世ちゃんのパニックがすっかり減りました。ガラスや時計を舐《な》めることも、ほとんどなくなりました。手をかむことも。たまにそういうことをしても「知世ちゃん、手をかむのまだ卒業していないの?」と声をかけるだけで、ぱっとやめるのです。

新しくならった「四季の歌」が気に入って、その歌詞を書いた模造紙《もぞうし》を自分でとりに行き、うたって、とさし出して意志を示します。

Kくんへの手紙

体育大会のとき、知世ちゃんは赤組。ペットボトルを二つ持って、たたいてリズムをとるのがたいそう気に入って、楽しそうにしていました。けっこうむずかしいと思えたのですが、テンポがずれそうになりながらも、みんなといっしょにペットボトルで音を出していました。そのときの写真を見ると、ほんとうに、にこやかで、すっと背筋《せすじ》を伸ばして立ち、まっすぐ正面を見ています。みんなの中にすっかり溶《と》けこんでいるのです。百メートル走も、借り物競争もがんばりました。一年生の時は放課後の練習がいやで大泣きしたのに、大きな成長でした。知世ちゃんは書いています。

「2くみでよかったことはおうえんが2位になったことです。Kくんがきてがんばっていたことです。クラスの人はちせにやさしかったです。」と。

K君のことが気になるようです。K君は、いわゆるつっぱり少年です。学年の何人かのメンバーの一人です。服装違反や髪を染めたりしています。教師が、K君に規則を守るように指導をすると、休んでしまいます。担任は若い女性の教師で、バスケット部の顧問《こもん》をしていて、よく子どもたちの世話をしてくれます。K君も担任の先生には、心を開いていたようですが……。

ある日、何か言いたいことがあるらしく、知世ちゃんが、自分から筆談したがったので話をしてみました。驚いたことに、クラスのK君が学校に来ないので心配しているのです。K君は体育大会の応援団《おうえんだん》をして、ずいぶんがんばりましたが、体育大会が終わってから来なくなったのです。それは教師たちの予想どおりでした。三年生は、体育大会が終わると、学校行事もなくなり、受験一本の生活になっていきます。そのK君と知世ちゃんは同じクラスなのです。

「手紙書きますか?」というと、知世ちゃんは「はい」というので、筆談の手助けをすることにしました。

Kくん　げんきですか。
ちせは　Kくんに　がっこうへきてほしいです。
Kくんが　がっこうにこないと　さびしいです。
Kくんは　いつも　ちせに　やさしいです。
ちせはKくんに　あいたいです。
Kくんは　ふくそうが　まもれないから　こないのですか?
Kくん　ちせは　Kくんに
ふくそう　まもれなくても　きてほしいです。
まっています。
みうらせんせいも　まっています。
9がつ6か　ちせ
Kくんへ

知世ちゃんは、私のことまで書いてくれました。この手紙をK君の友達に届けてもらいました。すると、なんとその翌日、K君は久しぶりに学校に出てきたのです。知世ちゃんの手紙に応《こた》えてくれたにちがいありません。しかし残念ながら、その後また来なくなりました。

それからしばらくたったある日、たまたま休憩《きゅうけい》時間に知世ちゃんが職員室に入ってきたとき、

K君が職員室の教師用喫煙《きつえん》コーナー（分煙《ぶんえん》のため、古いソファーを置いてロッカーで囲んである）に座っていたのです。

「あっ、知世、Kくん来ているよ。話しに行こう」と、知世ちゃんといっしょにK君のそばに行きました。K君に話しかけると、K君は、

「ちーちゃん、筆談できるのやろ?」と言うのです。

「そう、できるよ。やってみる?」

二人だけの筆談は失敗。今度は、私が加わって三人でやってみました。K君が一番下で鉛筆を持ち、その上を知世ちゃんがもち、私が上から手をそえます。

——ちーちゃん、Kくんに久しぶりに会って、どう?「うれしい」

——ちーちゃん、Kくんの髪の毛どう?（染めていました）「へんなかみがた」

知世ちゃんの言葉に、K君も思わず、ずっこけました。

筆談用紙はたくさんいるので（257×364ミリのB4サイズの一枚に15文字ぐらいの大きな字をかく）、印刷のミスでたまったザラ紙の裏をリサイクルで使っています。その紙を教室へ持っていくだけで、知世ちゃんはうれしそうな顔をします。そして、自分で紙をとり、鉛筆を持ってから、私に手を添えてというしぐさをするのです。

筆談の鉛筆の持ち方には、知世ちゃんが鉛筆を持つ手に、私が手を添えて書いてもらうやり方と、私が鉛筆を持った手を知世ちゃんが持って動かして書くやり方があります。どちらの場合も同じようですが、慣《な》れると、知世ちゃんに私の手を持って動かしてもらう方が早く書ける

――作業所はどうですか?

――仕事はうまくできますか?

――だいすきです。

――友達できましたか?

――がんばれる?

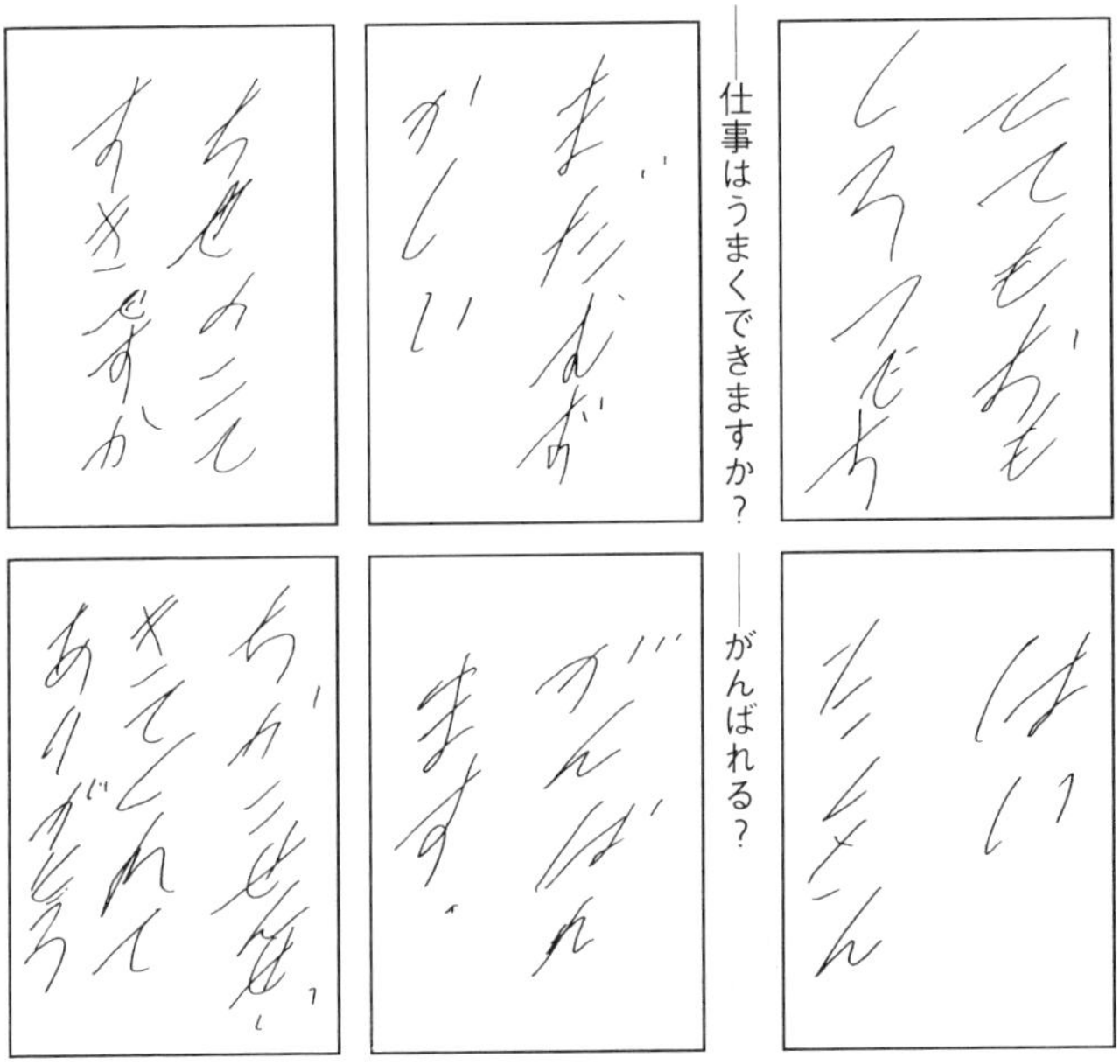

2001年の４月に、知世ちゃんがかよっている作業所を訪ねたときの筆談。このときはＡ４（210×297ミリ）の紙に一枚ずつ書いている。

ようです。

　そのようにして確かに自分の意志で手を動かして書いているのに、一人で鉛筆を持つだけでは字にならない、どうしてだろう?　不思議です。自閉症の子どもたちが何かしてほしいとき、人の手を借りてやろうとするのをクレーン現象とよんでいますが、これはクレーン現象の一つなのだろうかとも考えていますが、私には証明することができません。専門の研究者や、医療にあたる方がたに解明してほしいと思っています。

お口つかえたら

星野富弘さんの詩です。国語の時間に、この詩を教材にとりあげました。

よろこびが集《あつま》ったよりも
悲しみが集った方が
しあわせに近いような気がする

強いものが集ったよりも
弱いものが集った方が
真実に近いような気がする

しあわせが集ったよりも
ふしあわせが集った方が
愛に近いような気がする

——知世ちゃんも悲しいことあった？

「ありました　おくちきけなくて　かなしかったこと」

——悲しみが集った方が、しあわせに近いといえますか？

「そうです」

——悲しみをのりこえたの？

「ちがいます　ちかこせんせいと　ひつだんできるようになって　かなしみが　うすれたのです」

——しあわせに近いっていえる？

「そうです」

——なぜ？

「いたわりあえるから」

——強いものが集ったよりも、の強い人って？

「つよい人は　わたしにえらそうにする」

――弱いものって？　「よわい人は　やさしくしてくれる」

――たとえば、だれ？　「O君（肢体不自由の生徒）　ちかこせいせい」

――弱い人は、ほんとうに弱いの？　「よわい人は　ほんとうはつよい」

――なんで？　「よわい人は　あたたかいのです」

――弱い人って、どんな人？

「よわい人っていうのは　からだがわるい人や　びんぼうな人」

――真実ってなに？　「ほんとうのこと」

――弱いものが集った方が真実に近い、というのは？　「いきかたがほんとうになる」

――本当って？　「しんけんにいきる」

――知世ちゃんは、真剣に生きていますか？　「はい」

――ふしあわせが集った方が愛に近い、とは？

「ふしあわせな人は　のぞみがすくないから人をあいすることができる」

――しあわせが集った人は？

「しあわせがおおい人は　よくばりになって　人にやさしくできない」

――知世はしあわせ？　「ちせはしあわせ」

――なぜ？　「ちかこせんせいと　であえてしあわせ」

――ありがとう。知世ちゃん、今まで自分の気持ち人にわかってもらえず、つらかったのにあかるく生きてきたね。えらいね。

「ちかこせいせいとあえて　ほんとに　うれしい」

最後の方は、私の方が涙ボロボロになってしまって困りました。知世ちゃんの心の成長が強く感じられた学習でした。

星野富弘さんの詩の中に、こんな言葉がありました。

神様がたった一度だけ
この腕《うで》を動かして下さるとしたら
母の肩《かた》をたたかせてもらおう

この詩を学習したとき、知世ちゃんは、

「ちせもおくちつかえないので　このきもちわかる」と書きました。

――もしお口つかえたら、最初になんていう？

「おかあさん　ちかこせんせい」

そのことについての連絡を読んで、お母さんが書いて下さいました。

「　10／30の国語、お口つかえたら…お母さん、ちかこせんせい、涙が出ました。

　このごろ風呂で、私の左手に大きく一文字ずつ、かきます。ちせの人さし指を私が持って、お母さんのこと好きですかときいて、手のひらに返事をかいてもらいます。すきとかいてくれます。Yさんやさしいですか、ときくと、はいとこたえました。」

お風呂の中でお母さんと指談している知世ちゃんの姿を思い浮かべるだけで、私は胸が熱くなります。そして、指談で話せるようになってよかったね、と思います。

Yさんは、気分がハイになるとコントロールできず、人をたたいたり、つねったり、乱暴になります。でも本当は、仲間思いで、青空学級では、みんなのことに一番よく気がついて教師に教えてくれます。ほかの子のおしっこの失敗や、生理のことなど、彼女にどれだけ教えられたかしれません。そのYさんが苦手《にがて》で、そばによるのをさけたり、自分の頭をたたいたり、手をかんで抗議していた知世ちゃんですが、筆談をするようになり、落ちついて周囲が見られるようになったからでしょうか、Yさんの良さがわかってきたようなのです。

たとえ小さな集団でも、仲間の存在がたがいに影響しあって、心の成長につながっていくのだな、ということを教えられました。

立原えりかさんの「ラブレター」という詩を学習しました。すごく難《むずか》しいと思えたのによく理解していました。「どうしてこんなにわかるの？」と言うと、

「ちせには　すきなひとがいるから　ラブレターのもんだい（読みとり）みんなわかりました」

と書くのです。まいりました。知世ちゃんは、今、まさに思春期のまっただなかです。

誤解

十一月に行なわれた中学生活で最後の授業参観。お母さんは連絡帳にこう書いてくれました。

「久しぶりの参観で、子ども達が授業していると感じました。筆談がなかったら、いつもどんな勉強の仕方をするのか、今度は並に思いました。それぞれに合わせた授業で、先生方も、一生懸命に教えて、子どもがしたっている様子がみられました。心が豊かになりました。星野さんの詩ではありませんが、そのままのようでした。口が使えなくても、うれしそうな知世やH君を見ていると、筆談で満足しているみたいな感じでした。

先生方に心より感謝致します。すっかりお疲れになると思います。無理をせずお体に気をつけて下さい。いつもありがとうございます。六中へいって理解のある先生方にめぐり合えた事が一番大きかった。知世本人が申しておりますので間違いはないと思います。残り少ない日々をよろしくお願いします。」

「子ども達が授業していると感じました」という率直《そっちょく》な表現に、お母さんの喜びがよく表われていると思いました。やっと普通の授業が受けられるようになったとの思いが。

調理実習もショートパンツづくりも、スイミーの絵本づくりも、知世ちゃんは意欲的にやっていました。美術のS先生のアイディアによる絵本づくりは、子どもたちみんなが興味を持ったと思います。ミシンがけは、教師が横について、布に手をあてさせ、スタート、ストップの声かけをしてあげるとちゃんとできました。後片づけもしっかりし、パンツの布を上手に折りたたんでいました。

体育の柔軟体操《じゅうなんたいそう》は、身体が固いのでなかなか曲げられず、途中、パニックをおこしそうになります。「そんなことしてたらダメ、からだ、柔《やわ》らかにしないと大人《おとな》になれないよ」と叱《しか》ると、なんとか続けています。泣きそうな顔になったり、笑ったりしながら、がんばりました。

松原市の発表会「なかよしのつどい」に「エーデルワイス」の曲を演奏することにしました。知世ちゃんはハンドベルです。「レ」の音です。聞きながら自分のところで鳴らすのはむずかしいので、となりにいって助けてあげるとうれしそうにします。音楽の学習の時間になるとすぐ、一人でオルガンを動かそうとし、電源とコードをつなぎ、歌詞の紙をかけようとします。すべて段取《だんど》りがわかっています。

「自分のことばで」という詩の学習をしていたときのことです。

——叫《さけ》びたいことある？「ちせちゃん　おくちつかいたい」

——ほかには？「ちかこせんせい　ありがとう」

——知世はけんかする？「けんかはしません」

——なぜ？「ちせは　みんなとなかよくしたい」

（突然、自分から書く）「ちかこせんせい　ありがとう」

——なにが？「ちかこせんせいが　ちせのこと　わかってくれるから」

——いつくしむ、とは？「むしなどの　いのちをたいせつにすること」

——よくわかったね。「ちかこせんせいが　おしえてくれるから」

――みんな自分の意志と責任、とは？

「どんなことも自分の考えとせきにんをもってやること」

――どこかでつくられた道を歩かされるのではなく、っていうのは？

「だれかがきめたみちをあるかされるのではなく」

――自分の足で大地に立ち、とは？　「自分の考えで生きていくこと」

――自分の考えでいきていける？　「いきていきたいとおもいます」

――それは私が生きているあかし、とは？

「そうすることが　ちせが人間らしく生きていくことの（少し考えて）しょうこ」

――かけがえのない、って？　「それ一つしかない」

（また、突然自分から書く）「ちかこせんせいは　ちせにとって　かけがえのない人です」

「知世ちゃんの読解力《どっかいりょく》はすばらしい。とてもデリケートな人ですね」と言うと、知世ちゃんは私の顔を見て笑い、「ちかこせんせいこそデリケートです」と書きました。

――知世は詩人になれるよ。「ちせもそうしたい」

――どんなことを書きたい？　「ちせじしんのこと」

――今までわかってもらえなかったことや、心にあること、いっぱいはき出したら？

「ちかこせんせい　ありがとう」

――じぶんのこと、どう思っている？　「じぶんでは　ふつうとおもっている」

――みんなはどう思っているの？

「そうです。みんなは　ちせのこと　ごかいしています。ちかこせんせいだけが　わかってくれている」

筆談の中で、知世ちゃん自身が自分のことや生き方を語ってくれるようになりました。ひらがなばかりだった筆談の文字に、漢字がちらほら混じり始めています。

先生の子どもにして

――先生は知世が恋もするふつうの女の子と思っているよ。

「そうです。せんせいありがとう」

――ただ、知世ちゃんは、もっと自分でできることをふやさないと、どうしても、誤解されます。

「そうおもいます。もっともっとできるようになりたい」

――家で、自分で、お母さんのすることよくみて、なんでもやって下さい。

「そうします。ちかこせんせい　いっしょにくらしたい」

――どうして？

「ちかこせんせいといると　なんでもできるような気がするから　ちかこせんせいダメですか」

――知世ちゃんには、お父さん、お母さん、お兄さんがいて家族があります。家族をもっと、たよって下さい。

「ちかこせんせいのようにたよれません」

――なぜ？

「ちせのこと　あまやかしてしまう。ちかこせんせいといるとあまえない。ちかこせんせいはおこってくれるから」

――もっとおこってもらうように言うよ。「そうです。はいそうして下さい」

この日をきっかけに卒業までのあいだ、知世ちゃんは、何回も「ちかこせんせいの子どもにして下さい」と書いて私を困らせました。そしていつも、最後は、

――そんなことをしたらお母さん悲しむよ。「そうですね」

――それでいいの？「それはいけません」

という結論になりました。けれども知世ちゃんが、そこまで自分の気持ちを表現してくれたことは、教師冥利《みょうり》につきるというものです。

卒業にむかって、自立への助走を自分なりに始めていたのかもしれません。

人がすきです

国語の学習のあと、少し時間があったので知世ちゃんと筆談していると、突然、

「ちかこせんせい　ちせは人がすきです」

と書きました。どうしてそんなことを書くのかと思って聞くと、

「ちせはいろんな人とつきあいたい」「クラスのみんなとつきあいたいのです」

そしてそれは「ちせのべんきょうになる」と言うのです。卒業式まで一カ月もないなかで、知世ちゃんなりに考えていたのです。「人がすきです」と書くことができるようになった知世ちゃんの、生への前向きな姿勢をとてもうれしく感じました。

二月の下旬《げじゅん》から、一人で学校に来る練習をしました。それまでは、近所の友達や、クラスの仲間といっしょに通学していました。卒業後、養護学校に通うのに電車で自主通学したいと、知世ちゃんが希望しました。そのためには一人でいまの学校にも来れなくてはと、練習を始めたのです。学校までは、途中、バスが走る狭《せま》い道を横切らなくてはなりません。しばらくはお母さんがそっとついていって、駐車場のあたりでかくれて見守って下さいました。

「救急車が来ないところをみると横断歩道を渡れたかなと思って、5分位まって帰ります。」と連絡帳に書いて下さっていました。私も一度、知世ちゃんの家の近くで待ちうけて、かくれて見ていたことがあります。横断する時、車を見ているような、いないような顔つきでしたが、車が途絶《とだ》えてから渡っていましたので、ほっとしました。

知世ちゃんは、一人で通学することに抵抗がなくなってきました。ただそれ以来、毎日、遅刻です。ほんとうに、ゆっくり、ゆっくり歩くのです。不安があるのかもしれませんが、一人で歩くのを楽しんでいるようでもあるのです。一人で見る景色は、なにか違って見えたのかもしれません。

毎日、始業のチャイムが鳴って少したったころに到着します。そうすると、クラスでのホームルーム（朝の10分学習をしています）に間に合わず、青空学級に直行してもらうことになります。いつものパターンと違って、ホームルームに行けず、担任の先生の顔を見られないので、パニックをおこしそうになります。それでも、青空教室で「エーデルワイス」の曲を練習しているうちに、すっかり機嫌《きげん》が良くなるのです。

青空学級での最後の調理実習に、〝青空〟の畑でとれたキャベツを材料に使いました。ピーマンを洗って中の種をとり、上手《じょうず》に千切《せんぎ》りしました。フライパンの中の野菜を箸《はし》でかきまぜながら上手にいためました。それまでは油がはねるのがこわくて、フライパンから離れて、恐るおそる箸を操《あやつ》っていたのです。ザルの目につまった野菜くずを、タワシを使ってていねいにとりました。以前は、タワシのイガイガが苦手《にがて》で、さわることもできず、いやがって泣いたのです。それから思うと大きな進歩です。

進路

進路を目の前にして、三年生の面接練習がありました。知世ちゃんも、みんなと同じように参加しました。校長先生が練習相手でした。

――出身学校と名前を言って下さい。「松原第六中学　うめたにちせ」

――なぜこの学校を選びましたか？「八尾をえらんだのは　せんぱいがいる」

――あなたのよいところは、どんなところですか？

「ちせは　やさしい」（ちょっと考えてから）「ちせは　がんばりやさん」

――この学校に入ったら何をがんばりますか？

「べんきょうをがんばる」（だいぶ考えて）「それと　じぶんで　通学する」

校長先生の前でも、自分の思いを筆談でちゃんと表わすことができました。

いよいよ、八尾養護学校の試験当日です。今まで二回ほど八尾に行きましたので、この日は知世ちゃんとNさんの二人が前を歩き、私とお母さんたちが後からついて、連れていってもらうかたちにしました。

学校について、控《ひか》え室で待っていたり、検査室へいく途中、知世ちゃんは、久しぶりにあちこちのガラスに唇《くちびる》をあてていました。これから行こうとする養護学校への不安もあったのでしょう。私には、ガラスに唇をあてることで、八尾養護学校というものを知世ちゃんなりに、一つずつ確かめているように思えました。

初めての先生といっしょに検査する時、思ったよりも落ちついてでき、自分の力を出していたので、成長したなあと思いました。

お別れ会

いよいよお別れ会の日が来ました。それぞれの生徒たちが工夫《くふう》をこらした表現で、さまざまな出しものをして互《たが》いに別れをかわし、また、先生たちへの心のこもったお礼のセレモニーを演出していました。

知世ちゃんの番です。舞台に大きなスクリーンを用意し、オーバーヘッドプロジェクターを配置しました。体育館は暗くなり、みんなが注目する中、知世ちゃんが黒いマジックインクを持ちました。私は手を添《そ》えて言いました。

——知世、いよいよみんなとお別れです。今日は、みんなにお別れの言葉を書いて下さい。

知世ちゃんが緊張《きんちょう》しないか心配でしたが、緊張しているのは私で、知世ちゃんは、むしろゆったりと書き始めました。

「ちせのこと　いままで　たすけてくれて　ありがとう」

ゆっくりゆっくり書く字が、大きなスクリーンに写されていきました。

——ほかに言いたいことありますか？

「せんせいがた　ありがとう　ございました」

（知世ちゃんは、まだマジックを離しません）

——まだ言いたいことありますか？

「ちかこせんせい　ありがとう　ございました」

一瞬《いっしゅん》、私の胸がつまりました。知世ちゃんは、みごとに、みんなへのお礼を言ったのです。手を添えている私にまで。

この光景に、見ている人たちはつよい印象をもったようです。私は知世ちゃんがうまく書けるかだけに気をとられていたのですが、その時、会場は水をうったように静まり返っていたというのです。先生方や生徒たちの中には、涙ぐんで見てくれた人も、少なくなかったようです。はじめてのオーバーヘッドによる知世ちゃんのメッセージ。これは、そこに参加したすべての卒業生の心に残ったのではないかと思います。知世ちゃんのお礼の言葉は、簡単な内容ではありましたが、今まで知世ちゃんに力をかしてくれた同級生の心にも、しっかり届いたものと思われます。

入学式の日、舞台に駆《か》け上がろうとし、体育館のギャラリーへの梯子《はしご》に足を掛けた知世ちゃん。ガラスや時計を舐《な》め、パニックをおこして手をかみ、頭をたたいていた知世ちゃん。その知世ちゃんが静かにお別れの言葉を書きました。

こうして知世ちゃんは卒業していったのです。

自閉症のある子どもは人間ぎらいではありません。人とのコミュニケーションが苦手《にがて》なだけなのです。声のない世界にある豊かな言葉と豊かな感性の数々。知らなかった世界を、筆談を通して私は知世ちゃんから教えられました。

筆談で世のなかがひらけた

青空学級の卒業文集の中で、知世ちゃんはこう書いています。（一部抜粋）

「ちせは、このがっきゅうで、ほんとうのやさしさやつよさなどをまなびました。（略）
ひつだんができるようになって、よのなかがひらけてきました。」

文字の世界の外にいた知世ちゃんは、筆談によって夢からさめたような状態になったのではないでしょうか。今まで、なにげなく聞いていた言葉が文字に結びつき、それまでの生活経験による知世ちゃんの成長とは、質的に大きくちがう成長をとげたと思います。

今まで、いろいろな自閉傾向のある生徒に出会いましたが、その中で知世ちゃんは、とても重度に思えました。手をかんだり、ガラスを舐《な》めたり、高い所にのぼろうとしたり、周囲の人にとって、知世ちゃんのこうした行動の表面からその内面を想像することは困難でした。

筆談で知世ちゃんと周囲の人々の何が変わったのか、思いつくままにあげてみます。

一つは、筆談によって、知世ちゃんの理解度がわかり、教材の組み立てについての展望《てんぼう》が生まれたということです。もしそれがなかったら、知世ちゃんは、いつまでも、わかりきった学習内容しか与えられなかったでしょう。

二つめは、筆談によって、知世ちゃんが、自分の気持ちを相手に伝えることができるようになったことです。お母さんとは指談という方法でコミュニケーションがとれるようになりました。このことによって精神的に安定し、パニック、自傷行為《じしょうこうい》が減ったのです。

三つめは、知世ちゃんの目が他者にいくようになったということです。文字を通して自分を客観的に表わせるようになり、そこに生まれた余裕《よゆう》が他者に目をむけさせたということでしょう。社会的な存在として生きていく展望が生まれたのです。

四つめには、知世ちゃん自身の自己肯定感が大きく育《はぐく》まれたことです。

知世ちゃんは、一度「お兄ちゃんがきらい」と書いたことがあります。どうしてかと問うと「ちせのことをずっとバカにしてきた」というのです。私は胸が痛みました。ところがある日、宿題の二ケタのかけ算を、ほんとうにできるのかと思ったお兄さんが、知世ちゃんの手に自分の手をそえてやってみたところ、確かに知世ちゃんは自分の手を動かして正しい答えを書いたのです。それ以来、お兄さんは、「知世は賢《かしこ》い」と言うようになったといいます。

おそらく、知世ちゃん自身も、自分の値打《ねうち》に気がついていなかったと思います。また、自分に幼稚《ようち》な扱いをする人に対しては、それに合わせて行動していたと思われます。

私自身、知世ちゃんの中学三年間を、共に学び、生活する中で、わが目を疑うことばかりに出会いました。何度も疑いながら、しかし、確実に成長していく知世ちゃんの姿に教えられ、確信を持っていったのです。

初めて出会った時、私は、知世ちゃんにどう接していけばいいのか全くわかりませんでした。それを教えてくれたのは知世ちゃんです。時計・ガラスへのこだわり、音楽が好きなこと、美しい色彩への興味があったこと、それは、すべて教材を組み立てていく上でヒントになりました。自閉傾向を持つ子どものこだわりに寄りそう中で見えてくるものを大切にしたいです。もし知世ちゃんのそういった興味や関心やこだわりに気づくことがなかったら、私は、出口を見いだせなかったと思います。その子の好きなこと、興味あることを見いだすこと、そして、それを生かして教育活動を組み立てること、その中から質的転換を見きわめていくこと、このことは、すべての子どもを教育する上での原点と言えるのかもしれません。

私の先生は、知世ちゃんだったのです。

筆談は、知世ちゃん自身が書いているように、知世ちゃんの目を開かせ、世界を広げた第一歩になったと思います。しかし、筆談ができたから、自立ができるというわけではありません。知世ちゃんの筆談は誰かの手を借りなくてはできません。知世ちゃん自身の生活をする力をつけていく必要があるのです。

教師仲間

初めて出会った時の知世ちゃんは、私たち教師に、今後、起こってくるさまざまな困難を予測させました。しかし、その心配も杞憂《きゆう》に終わり、知世ちゃんは、着実に自分の心を開いていき、一歩一歩力をつけていきました。その成果は、青空学級担当の教師の力だけによるものではありません。学年教師をはじめとする教師仲間の支えがなければ、成り立たないものでした。

知世ちゃんのクラス（原学級）担任を三年間してくれた秋元先生。大学新卒で六中に赴任《ふにん》。

しばらくして知世ちゃんのクラス担任になりました。バスケットボール部顧問で、休日も夏休みもほとんどない状態でしたが、日ごろ、日刊の学級通信を発行し、知世ちゃんとクラスの仲間をつなぐ役割を確実に果たしてくれました。K君の担任でもありました。家出や、いろいろなトラブルがありましたが、ほんとうは心やさしいK君を、姉さんのような目で見守ってくれたのです。合唱コンクールなど、どんな行事に取り組んでもクラスをよくまとめ、元気のよいクラス、ハンディのある仲間を暖かく支えるクラスをつくってくれました。

数学の飯田先生。教務主任で、テニス部顧問でもあり、学校で一番忙しい教師の一人でした。その飯田先生が、生徒会を指導し、とりわけ修学旅行の、ディズニーランドでの九時間の自由時間のあり方を生徒自身に投げかけ、これ以上のねばり強さはないと思われるほどの討議を、学年生徒会でまきおこしてくれました。その基本は、あくまでも生徒を信頼し、時間がかかっても生徒自身に考えさせ、解決させるという姿勢でした。知世ちゃんとも自ら筆談で話して、〝青空〟担当ではなかったのですが、障害のある生徒たちに積極的にかかわってくれました。

英語の有藤先生。知世ちゃんが職員室に、ふーと、漂《ただよ》うように入って来ると、いつも、職員室の喫煙《きつえん》コーナーの入口に立って迎えてくれ、必ず、知世ちゃんに声をかけてくれます。知世ちゃんもそれがよくわかっていて、入ってくると有藤先生に近づいて、その手をしばらく握っています。声の言葉のない知世ちゃんの親愛のコミュニケーションです。学年主任でもあり、いつも青空学級のかかえる問題を会議の中で話題にしてくれました。

保健の橋本先生。秋元先生といっしょに赴任してこられた若い先生です。養護教諭（保健室の担当）としての仕事を、明かるくあっさりした性格でテキパキこなして、中学生には、よく合っている先生だと思えました。橋本先生は仕事の合間をぬっては、よく青空学級をのぞいてくれました。当時、青空学級には重度の生徒が多く、人手が足りなくて困っていましたが、知世ちゃんや一人ひとりに合わせた声かけをしてくれ、ほんとうに助かったのです。

学校全体としては、言葉を話せない障害児が多かった青空学級でしたので、青空担当だけでは足りない時間、なかでも、国語や算数の授業の時は、一人ひとりの障害や発達課題に合わせた授業ができるように、多くの先生が貴重な自分の空き時間をさいて応援に入ってくれました。この応援がなかったら、私は知世ちゃんとの筆談による授業もできなかっただろうと思います。こういう教師仲間に支えられて、知世ちゃんとの一歩一歩があったと言えます。これは、知世ちゃんのあとに出会った久くんや寛史くんについても言えることです。

教師がどのように協力し合っているかは、当然、いつのまにか生徒にも伝播《でんぱ》していきます。修学旅行のときもそうでしたが、ハンディのある仲間に温かく接することのできるクラスの生徒たちが育ったのです。

私は、この六中での生徒、教師との出会いを、今でも大切に、誇りに思っています。

〝じぶんがすきになりました〟

——久くんのこころの三年間——

「か・な・し・い」

久くんは、知世ちゃんが中学二年生になった時に入学してきました。「はい」「いや」など、ほんの少しを除いては、久くんもまた発する言葉がほとんどなく、自閉的傾向を持っていました。こだわりの行動（常同行動）もありました。それは、手の甲に、ふでばこや木の葉などを器用に乗せて、上下に均衡《きんこう》をとることです。よく教室の隅《すみ》や、校庭の一隅《いちぐう》に座りこんで、手を上下していました。

そういう時は、自分自身の緊張《きんちょう》を解き放ちたい時、何をしていいかわからない時、あるいは誰かにかまってほしい時であったように思います。その行動によって、自分自身の精神の均衡を図っていたのです。

知世ちゃんと違っていたことは、入学前に、お母さんとの間に筆談が成立していたことです。

お母さんの話では、二歳の時に舌小帯《ぜつしょうたい》切離の手術をしたために、その恐怖心《きょうふしん》で引きこもってしまったのではないかということです。それまでは、チョウダイ、ホシイ、デンシャ、ガタン・ゴトンなどの言葉は出ていたそうです。

久くんは、睡眠《すいみん》も浅く、ほんの小さな生活音でも覚醒《かくせい》してしまうので、お母さんは、テレビやラジオの音を消したり、いいのではないかと思うことをいろいろ実行されてきました。

そういう中で出会ったのが、「抱《だ》っこ法」という療育《りょういく》方法でした。久くんは、見かけは拒否をしていても、じつは、人間的な内面、要求の心を強く持っているということを知ったのです。「抱っこ法」で落ちついてきた久くんとの間で、カードを使ったりして学習も始めました。

お母さんの苦闘《くとう》は、ひとことでは表わせませんが、中学校へ入学するまでには筆談もできるようになっていたのです。

お母さんから引き継いで、教師たちも早速《さっそく》、筆談にとりかかろうとしましたが、なかなか、久くんの動きが読みとれません。私もそのころはまだ、知世ちゃんとの間に筆談は成立していなかったので、うまくいくか半信半疑でした。

四月のある日、美術の学習をしていた時のことです。美術の先生が「好きな勉強は?」と聞くと、私が手を添えた久くんの手が動いて「か・な・し・い」と書くのです。ほかの質問をしても「か・な・し・い」と書いたのです。でも、それ以上、久くんのこころの深い内容を知るための筆談をする力は、当時の私にはありませんでした。

じつは、入学して間もなくの家庭訪問で、私は久くんへのい、じ、めを知りました。久くんの手や足に切りキズが何カ所かあったのです。「か・な・し・い」は、このことに関係があるので

こうちょう先生
ひさです　おてがみ
ありがとうございました
ひさは　せんせいの
おはなしがとっても
よくわかります
ひさね　おともだち
のこと　ゆるせません
がせんせいのいうこと
よくわかるので
おともだちを
ゆるします
せんせいと　いっしょに
ひさもたのしい
ろく中だしたいです
ひさね　がっこう

だいすきです
だいすきながっこう
たのしくすごしたい
ですから
がんばっていきます
せんせい　これから
ひさのことみてて
ください　おねがい
します　きょうは
ひさにおてがみ
ありがとう
ございました
ひさはうれしいです
せんせいがひさのこと
みてくれて
うれしいです

久くんは、わら半紙１枚に10字くらいの大きな文字を書くので、縮小に縮小を重ねてコピーし、そのまま『あおぞら』通信にのせました。

はないか、と私には思われました。

最初が大事と、学年の会議で話し合ってもらい、校長先生からも全校集会で訴えてもらうことにしました。校長先生は、久くんを励《はげ》ます手紙を書いて下さいました。そして、久くんは校長先生に上のような返事を書きました。

この久くんの手紙を、学級だより『あおぞら』通信にのせ、全校全クラスで紹介してもらいました。すると、この通信を読んだ三年生から、たくさんの励ましの手紙が届きました。そのうちの一つを紹介します。

「今日、久君が傷つけられたという悲しい出来事が知らされました。

私もかつていじめにあった事のある身ですから、久君が悲しい気持ちや、許せない気持ちが、よく解かりました。でも、久君は、プリントのコピーの手紙に、先生の言うことを理解し、許そうというのです。

これを見た時、私は久君は、何て賢くて、優しいのだろうと思いました。はっきり言って、私の経験上、ああいった心の傷は簡単にふっきれるものではありません。たとえ、理屈で解っていても……。それなのに久君は、その人を許し、さらに、こんな出来事があったのに学校を未だ「大好き」と言い、頑張っていこうと書いていました。

私は、久君は確かに私達とちがい、ハンディを持っていますが、それよりも、もっと大きくて大切な強くて優しい心や、それに、とても立派な才能があると思いました。

私はあまり直接かかわることが少ないと思いますが、強く生きてる久君を見て、応援したいと思います。」

なんと聡明《そうめい》な文章でしょう。何人もの三年生が、このようなすばらしい励ましの手紙をくれたのです。こうして、いじめは、すっかり引っこんでしまいました。最高学年の三年生がしっかりしていると、下の学年でおこったいじめ問題もすぐに解決するということを、私たちは教えられました。久くんと、お母さんの手助けによる筆談が、みんなの心を打ったのです。

久くんは、さっそく三年生の先輩《せんぱい》のみなさんへ、お礼の手紙を書きました。

三ねん生の　おともだちの　ひとへ
ひさのこと　おともだち　かんがえて　くれて　ありがとう　ございました
ひさのこと　しんぱいしてくれて　ひさは　とても　うれしいです　ひさは　おともだち
が　あやまってくれないので　つらいですが　こうちょう先生が　たすけてくれるので
がっこうはがんばります
おてがみ　ありがとう　ございました　おわり

久くんと私の筆談は、少しずつ、うまくいきつつありましたが、こみいった会話になると、お母さんにお願いしました。

久くんは、自分の思いが伝わらなかったりすると（多分、そうだったと思うのですが）、青空教室にある本の表紙をやぶく、他の生徒のプリントをやぶく、パズルを何種類もバラバラにしてしまう、鉢植《はちう》えの花を全部つんでしまう等々のことがありました。そのほとんどは、教師の気を引こうとしてやったことだと思えます。〝僕の方を向いてよ！〟という。

久くんが入学した年、青空の生徒は六人いました（後に二人入級して八人になりました）。教師は私と、もう一人のT先生（男性）。どの生徒もかまってほしいと思っていることはわかっているのに、重度の生徒が多かったので、なかなか手が回らないのです。

ダンスをしようと知世ちゃんが、私に手をさしのべてくると、久くんが知世ちゃんを押し、私の手をとろうとします。他の生徒どうしの間でもこのようなことがあり、人手不足が悲しくなりました。子どもたちが自分をかまってほしい、というのは、積極的に人と交《まじ》わろうとする表われなのですから、そのチャンスを大切にしてあげたいのです。

重ねた手

久くんとの筆談が少し会話らしくなってきたのは七月になってからでした。

国語の教材に、原民喜の「水ヲ下サイ」をとりあげていました。

——どうして水がほしいの？

「のどがかわいているから」

——天が裂《さ》け、街が無くなったって、いったい、どうなったの？

「もえて　やけてしまったの」

この時、ＮＨＫが被爆者から募集して作った画集『原爆の絵　ＨＩＲＯＳＨＩＭＡ』をいっしょに見ました。久くんは、じっと見つめていました。

詩の学習のときは、一行ずつ私が読んで、後からみんなが続いて読みます。久くんはいっしょに読めないので、「久くん、言葉にならなくても声出していいよ、そして心で読んでね」と言いました。みんなの朗読《ろうどく》を黙《だま》って聞いていたあと、自分の番の時、詩を指さして目と心と少しの声で読んでくれました。みんなは、久くんの声にならない声を黙って聞いてくれました。

久くんは、夏休みにたくさんの日記を書いてきてくれました。その中の二つの詩が、とてもステキでした。

カルピス

カルピスは　あまくておいしいなあ
それは、
おくちのなかで　おいしいって
のどがよろこぶの
のどがうれしいって
よろこぶの
あーうまい
カルピス

ローラースケート

ひさは
ローラースケートがすき
かぜのなか
あつい　そらのした
かぜをきってすべると
とても　きもちいい
それは
かぜと　ともだちになれるから
ひさは
おそとへいくと
たのしくて
たのしくて
うれしくて
うれしくて

お母さんは、毎日、毎日、久くんと精《せい》いっぱい、つき合い、久くんと遊び、生活し、そして一日の日記を書くのに、毎日、久くんを助けて、会話をしてくれます。久くんのうれしさは、お母さんの愛情をいっぱい受けとめたうれしさなのでしょう。青空学級の一日は、そんな久くんや、みんなの日記、お母さんからの連絡などを読みあって始まるのです。

知世ちゃんと同じ学年にO君がいました。O君は肢体《したい》が不自由です。脳性マヒがあり、股関《こかん》節脱臼《せつだっきゅう》のため、歩くのが困難で、足に装具をはめています。頭を保護するために、ヘッドギアーを装着しています。校内を歩く時は二本の杖《つえ》で歩きます。校外学習の時は車椅子《くるまいす》を用意します。

O君は、厳しい障害にめげず、なにごとにも前向きで、明かるい子です。そのO君は、音楽の時間、歌えない知世ちゃんの手を持ってリズムをとってくれます。知世ちゃんが休みだったある日、その日は、久くんの手を持ってリズムをとってくれたのです。その時、久くんはOくんと重ねた手を、じっと見ていました。二人とも大きな手です。そして、久くんは、片方の手で、私の手を、その二つの手の上に重ねようとしました。久くんのO君への思いと、〝二人ともよろしく〟のメッセージが伝わってきて、不覚にも涙がこぼれそうになりました。

久くんの日記に、にきびのことが書いてありました。赤ペンで返事を書きました。

「にきびは青春のシンボルです。若い人はみんな、できます。三浦先生みたいな年の人はできません。できていいのよ。お父さんに青春のシンボルだよ、と言ってみてごらん。」と書くと、笑って元気に「ハイ」と言いました。久くんが中学生らしく感じられるようになってきた日々でした。

教科の学習では、久くんは、ほとんどクラス（原学級）の生徒と同じレベルの学習をしていました。筆談によって、久くんの理解度が確かめられたからです。

久くんといっしょに教科書を読んでいると、久くんの視線は、ずいぶん早く、先へ、先へと行きます。読んでいないのかと思うと、そうではなく、質問をすると、ちゃんと答えることができるのです。久くんは、ほとんど一瞬のうちに、そのページに書いている内容を焼きつけてしまうのです。このことは後で納得《なっとく》がいきました。久くんの後から入学してくる寛史くんも、同じような能力を持っていたのです。

山田くん

初めての体育大会がありました。〝青空〟の子どもたちもクラス（原学級）に所属していますので、各色に分かれ、応援合戦《おうえんがっせん》に参加します。同じ色の組になった三年生の山田くんが、久くんをよく助けてくれました。山田くんは、とても大きい体格なのに、気は優しくこまやかな生徒でした。時には、いじめられっ子になりそうで、ちょっと教師たちが心配しましたが、学年が上がるにつれ、友達や先生の応援もあって、頼もしくなってきました。

久くんは、その山田先輩のことを日記に書いてきました。

「　おかあさん　おうえんがっせん
　ひさね　わらっていたのは
　おにいさん　やまだくん

ひさのこと　やさしくて　やさしくて
　うれしいって　おもって　わらいました。」

同じ色の組であっても、学年がちがう生徒が障害を持つ生徒に心を寄せ見守ってくれることが、そう簡単にできるわけではありません。こういう時、私は中学生の潔《いさぎよ》さが感じられて、胸が洗われる思いがします。

久くんを助けてくれた三年生が一年生の時に、私は、全クラスで社会科を教えていました。教材を入れた重い紙ぶくろを持って私が階段を上がっていると、必ず誰かが「先生、持つよ」と言って、私の荷物を教室まで運んでくれた心やさしい学年でした。足が悪い（右股関節全廃）私をたすけてくれた子どもたちでした。授業で〝全員発言〟〝小テスト全員合格〟をよびかけると、進んで応じてくれました。地理の学習の時間に、日本や世界各地の歌をうたってあげると、素直《すなお》によろこんでくれました。その子どもたちの歓声に乗せられた私でした。

この一年生の最後の授業で、「じつは、四月から青空学級の担任に選ばれたので、もうみんなとは、いっしょに勉強できなくなったよ、ごめんね」とうちあけて、生徒の驚きに、思わず涙ぐんでしまった私でした。

その時の一年生が、三年生になっても、見守ってくれていたのです。私は、この三年生に見守られている安心感で、青空学級の担任ができたと、今でも、あのときの生徒たちに感謝しています。

筆談による学習

地理で、アメリカの適地適作《てきちてきさく》による農業地域について学習をしていた時のことです。私の質問に答えたあと、久くんは突然、

「アメリカは大きいだけでよくない国」と書きました。えっ、いったい、何がいいたいの？と聞き返しますと、

「アメリカは黒人差別がある」「アメリカには失業者が多い」「アメリカはよく戦争をする」と書いたのです。またまた驚いてしまいました。

――じゃ、日本の国は？「日本もよくない」

――なぜなの？

「たくさんおしょくがある」「しょうがいしゃへのさべつがある」

「土地のねだんがたかい」「たくさんの失業者がいる」

――いいところは？「ない」

ガッカリしました。日本は、久くんのような子どもたちにも夢を与えてくれない国になっているのでしょうか。

久くんの頭の中には、いつのまにか、いろんな情報がインプットされていたのです。学習が進むにつれ、筆談の中に漢字がふえてきていることにも感心しました。

まど・みちおさんの「虹」を学習しました。

――どうしてそらがよごれるの？　「工場のばいえんや自動車のはいきガス」

――ちょうほんにん、とは？　「それをやった多くの人間のこと」

――ほかの生き物、とは？　「動物　花たち　木たち　小鳥たち」

――いぶかしげに、とは？　「ふしぎそうに　うたがいぶかげに」

――あどけない、とは？　「かわいらしい　うたがうことをしらないすんだひとみ」

――その、とは？　「かわいらしい小鳥たちなど」

――ただそれだけのために、とは？　「そんなものたちを　なぐさめるために」

――この詩をよんで久くんの感想は？

「人間はなんてかってなのだろうとおもう。同じ生き物たちが生きている世の中なのに。

だから人間は　それを考えなくてはならない。久は世の中をよくするために　がんばりたい」

――どうすればいい？

「ちかこ先生はどう思う」

――日本は車が多すぎると思う。このままでは空気は悪くなるばかり。工場のばいえんも排気ガス

虹

まど・みちお

ほんとうは
こんな　汚《よご》れた空に
出て下さるはずなど　ないのだった

もしも　ここに
汚した　ちょうほんにんの
人間だけしか住《す》んでいないのだったら

でも　ここには
何も知らない　ほかの生《い》き物《もの》たちが
なんちょう　なんおく　暮《くら》している
どうして　こんなに汚れたのだろうと
いぶかしげに
自分たちの空を　見あげながら

その　あどけない目を
ほんの少しでも　くもらせたくないために
ただ　それだけのために
虹《にじ》は　出て下さっているのだ
あんなにひっそりと　きょうも

も、もっと、規制しなくてはね。

久くんは？

「ちかこ先生と同じ」

――ずるい、もっと考えて。

「ソーラーはつでんするといい」

――ソーラー発電って？

「太陽エネルギーを使うのです」

――久くんよく知っているね。でもお金がとてもかかるよ。

「お金は　せいふが出せばいいと思う」

――賛成。「そうです」

久くんが、太陽エネルギーやソーラー発電という言葉をすらすら書いたのには驚きました。

言葉を話せない自閉傾向の生徒との筆談という方法にめぐりあえて、学習教材がひろがりました。生徒の考え方、感じ方から教えられることも多くあります。

送る言葉

三人の先輩の卒業の日が来ました。その三人に、久くんが送る言葉を書いてくれました。その内容は、一人ひとりの仲間の良さや課題をよく見つめていて、関心させられるものでした。

「Oくんへ

Oくんのがんばり、ひさね、よーくしっています。いつも、なんでも、じぶんで、しっかりしてました。まつばづえで、いっしょうけんめいあるいていました。おべんきょうもすきでした。いつもね、しりたいってめでした。おしえてもらえるよろこび、いっぱいありました。おめでとうOくん、Oくんのがんばりわすれません。」

いつも友達から助けられていた久くんが、二年生になって、いつのまにか、Oくんの車椅子を押してあげるようになったのです。Oくんのがんばりに励まされて、強くなっていった久くんです。

「Yさんへ

おともだちいつもたすけていました。Oくんをたすけていました。青空のひとをよくたすけていました。みんなでね、Yさんのこと、たよっていました。たすけてもらったり、たすけたりですごした青空での生活でした。ありがとう いいます。」

みんなをたたいたり、感情の起伏《きふく》の激しいYさんでしたが、じつは、いつも青空のなかまのことを一番、よく見ていてくれました。「○○ちゃんが、おしっこもらした」とか「○○ちゃん生理とちがう？」とか、教師によく教えてくれたものです。青空のメンバーには重度な仲間が多いので、いつのまにか自分の役割を自覚していたのでしょう。

そういうYさんの良さを、ちゃんと見ていてくれた久くんです。

「　知世ちゃんへ

六中ですごした三年間をね、ぜったいわすれないでください。ひつだんあってたくさんおしゃべりしたこと、たからものです。おともだちとね、すごしたひつだんで、じぶんのこころみせてね、とってもよかったですね。これからもがんばって下さいね。」

同じ自閉症で声の言葉の出ない知世ちゃんには、特別な思いがこもっているようです。

これを書いてから卒業まで、青空の友達との別れがさみしいと、家でよく泣いていたという久くんです。自分の感情がよく出るようなったことを、お母さんは、とても喜んで下さっていました。

Eちゃん

三年生になって、久くんは「さみしい」を連発していました。それはクラス（原学級）の友達がかわったからです。二年生の時、いつも久くんといっしょに行動してくれた友達がいなくなり、自分の居場所《いばしょ》が見つけにくかったからだと思います。

この年、青空学級は、四人になっていました。自閉症で言葉を話せない寛史くんと、知的障害をもつIさんが入学してきました。Iさんは、緊張すると固まってしまい、何も言えなくなります。それに久くんとEちゃん。前年度はOくんやYさんの元気な声が響いていた青空学級でしたが、新メンバー四人のうち、話せるのはIさんだけ。そのIさんも、緊張しやすいタイプだったので、青空学級は、ずいぶん静かな学級になってしまいました。

久くんは、大好きな木原先生に支えられて、少しずつ落ちついてきました。木原先生は久くんが入学してきてからのクラス担任で、久くんのひとさし指を持って、木原先生の手のひらで指談ができます。

ある時、久くんがそのつらい気持ちを日記に書いてきたので（ノート三冊ありました）、みんなに読んであげました。寛史くんが涙《なみだ》ぐんで聞いています。寛史くんと筆談してみました。

「ぼくにもつらいときがあります。友だちがわかってくれないとき。でも　がまんします」

と、寛史くんはハンカチで涙をふいていました。

物さしで、点と点を線で結ぶ作業をしていた時です。久くんが途中で泣き出したので筆談しました。

「かなしい」「ともだちがわかってくれない」

——でも昨日《きのう》、久くんと友達が指談しているところを見たよ。すぐには無理です。

「みんなやさしいです」

——じゃ、なぜ？　「にんぎょうあつかいしてほしくない」

——どんなこと？　「手をつないでひっぱる」

——じゃ、自分であるくの？　「歩きます」

——もう、はずかしいの？　「そうです」

——どうして、人形扱いって思ったの？　「前に学年集会で三浦先生がいった」

——それでそのことに気がついたの？　「そうです」

私が三年生の学年集会で「久くんは、助けられる久くんであるだけでなく、みんなとほんとうの友達になりたいのです」と話したことを、よく聞いていてくれたのです。こういう不安定な状況《じょうきょう》がしばらく続きましたが、友達や先生に支えられて、久くんは元気になってゆきました。

久くんには気になる仲間ができました。それはＥちゃんです。私が毎日、Ｅちゃんを迎えに行っているのを久くんは知っていたと思います。

音楽の時間は、机と椅子《いす》を教室の前へ運び、うしろの空いた場所で、歌ったり踊ったりしています。ある日、Ｅちゃんが椅子を運びませんでした。私たち教師が手を添え、いっしょに運ぼうとしていた時でした。久くんが泣くので、理由を聞くと、

「Ｅちゃん　ちゃんとしてほしい。久はかなしい」

「Ｅちゃんは　かわいいおかおしているのだから　きっとなんでもできます」

と久くんは書いてくれました。このことをＥちゃんに伝えました。翌日、Ｅちゃんは一人で学校に来ました。久くんの気持ちが伝わったのだと思います。それに、友達から「かわいいおかお」と言ってもらって、うれしかったのではないでしょうか。

Ｅちゃんが逃げて隠《かく》れてしまい、クラスの友達に迷惑《めいわく》をかけてしまったことがありました。

そのことでEちゃんを叱《しか》っていると、ふと立ちあがった久くんが、私の腕《うで》をつかんで止《と》めます。まるで「叱るのやめて」というふうに。それは久くんの強い意志を感じさせる動きでした。そういうことが何回かありました。久くんは同じ三年生のEちゃんを、自分が守ってあげなければと思っているようでした。

クラス（原学級）の授業を受けるために、クラスの友達がEちゃんを青空学級に迎えに来てくれた時、Eちゃんは抵抗《ていこう》して、寝ころんでしまったことがありました。友達がひき起こそうとしても、どうしても立ちません。私の力でも無理でした。困っていると、久くんがEちゃんをひっぱり起こしてくれたのです。Eちゃんにやさしくもあり、厳《きび》しくもある久くんの気持ちをEちゃんは受けとめたのだと思えます。

このごろEちゃんは迎えにいくと逃げないで待っていてくれる、ということを青空学級で話していると、寛史くんが涙を拭《ふ》いているので「どうしたの？」と聞くと、

「寛史はさみしい　三浦先生がEちゃんのことばかり話しているから」

「Eちゃん　じぶんで　もっとしてほしい」

と書きます。「じゃあ、Eちゃんがわがましたら、もう放っておこうか？」と私が言うと、

「Eちゃんは一人ではできないからみすてないでほしい」

と寛史くんは書きます。久くんに、「放っておくといいですか？」と聞くと、

「はい　ひさもさみしい」

——じゃあ、Eちゃん学校へ来なくてもいい？　何もわからなくなっても？

「それはダメ　三浦先生が見てあげて」
――でも放っておくといったでしょ。
「きびしくしてほしいということです。三浦先生一人ではむりだから　松野先生の力をかりて」

さすがお兄さんらしい返事です。ちょっぴり、いじわるしてしまったかなと、反省した私でした。寛史くんも言葉の出ない自閉症。Eちゃんのようにかまってほしいのです。でもEちゃんの状態もわかるし……と、客観的に見る目も育ってきている子どもたちです。

この話し合いの時、声を出してしゃべっているのは、筆談を援助《えんじょ》している私だけです。久くんと書いたり、寛史くんと書いたりしながらの会話です。筆談によって、こんな話し合いもできたのです。

見えないなあ、なんだか見えないなあ

この日のことを久くんは日記に書いてきました。（　）の中はお母さんの言葉です。

「　おもしろいことありました。おともだちです。おともだちがね、三浦先生のこと、やきもちやきました。ひろしくんのことです。さみしいってなきました。ひさもあったので、おなじあったので、いっしょだっておもっていたら先生ききました。いつも、いつも、Eちゃんは人をあてにしています。おもうよ、もっとじぶんでできることしないとだめってお もいました。（Eちゃんだっておもっているの、でもね、できないの）おもっているけ

ど、できないのですか？　できるようにたすけてもらい、でも、できないのですか？（はい、先生方に助けてもらってやっとなのです）見えないなあ、なんだか見えないなあ、にんげんです。努力がいります。（Eちゃんも努力しています）Eちゃんは、してるけど、わかりにくいです。きいてみてよ、お母さん。（Eちゃんと、この前、指談できいているとね、おはなししてると本人が気がついて手をひきます。かくと考えていかないとダメなので、気がついて手をひきます）つごうがわるくなるとてをはなすの？（はい、長いお話なれてないので、すぐ、しなくなるよ）ながくおしゃべりしてないばかりに、ながくしなくてもいいのですか？　おかあさん、Eちゃんは、これからどうするのっておもいます。しりたいです。（大丈夫《だいじょうぶ》です）おしえてよ、おかあさんきいて。いつもかくといいやすくなって、きっとかけるようになるから、きいてよ、いいます。（わかりました。又、きいてみます）」

一番、信頼《しんらい》しているお母さんとの日記でのやりとりです。「いつもかくといいやすくなって、きっとかけるようになるから」とは、いつもお母さんが実践《じっせん》されてきたことなのでしょう。それを今は、Eちゃんのために久くんが言っているのです。

同じ仲間のEちゃんが、これからどうなっていくのか。不安をもって見守っている久くん。「見えないなあ、なんだか見えないなあ」の中に、思春期の久くんの叫びが聞こえるようです。

卓球

地区の障害児学級の卓球大会が毎年十一月ごろにあります。私が青空学級の担任になって初めて、その卓球大会に参加した時のことです。

車椅子《くるまいす》の子どもは、少し低く設置された台で、ころがし卓球をしていました。包丁《ほうちょう》のような形をした手づくりの木のラケットを横にして、ピン球を直角にあてて、ころがしてサーブするのです。相手も同じようにレシーブして、ころがします。台の端《はし》が少し切りとられていて、そこにピン球が落ちるとアウトになります。そういう卓球を見たのは初めてでした。

ある台のそばでは、養護学校中等部の生徒さんだと思いますが、床《ゆか》に寝ころがったり、じっと座ってぼんやりしていました。ある台では、重度の障害のある子どもたちが、先生に手を支えられて試合をしていました。子どもたちと先生たちの一生懸命《けんめい》な姿に胸をうたれました。

久くんは、一年目、卓球大会にころがし卓球で参加しました。あとから思うと、それは大きな誤算《ごさん》でした。練習にもあまり乗ってくれず、うれしそうな顔もしてくれませんでした。試合の当日も不安感で体育館の中をスキップで走り、途中でおしっこの失敗をしてしまいました。みんなの前での出来事《できごと》なので、とてもかわいそうなことをしてしまいました。

久くんは、普通の卓球がしたかったのです。教科では、クラス（原学級）の生徒と同じような教材で学習していたのに、手が器用《きよう》でないので無理かなと、教師が勝手に判断して、ころがし卓球にしていたのです。

翌年、「久くん、普通の卓球のやり方で試合に出る？」と聞きますと、気のせいか、急に顔が明かるくなり「はい」と言ったのです。実際に練習に入ると、サーブもレシーブもなかなかうまくできなかったのですが、少しもいやがらずに、にこにこして練習するのです。二年生の終わりごろには、ラリーも三～四回続くようになりました。

三年生になると、久くんは、なにごとにもリードするようになりました。なにしろ、ほとんど声の会話ができない静かなメンバーなので、久くんが精神的あせりを感じることもなく、落ちついていられたのだと思うのです。

体育の時間には最初は体操をするのですが、カセットデッキを高いところからおろし、テープをかけてくれるのは久くんです。お母さんといつもスポーツセンターに行っている久くんは、腹筋や背筋の運動をやってもピカ一です。寛史くんが先生に足を持ってもらっても、くすぐったくて笑ってしまい、あまりできないのに、久くんは一セット三十回やると、一人でまた、二回目に挑戦してやっているのです。三年生になってからの体育の時間はいつも充実《じゅうじつ》している久くんでした。男性の松野先生が、いろいろ補助をしてくれます。先生に背負ってもらっての上体そらしも、こわがらず気持ちよくやっていました。

卓球は、早い球をサーブしても、すばやく打ち返せるようになりました。しかし、いったんかまえてしまうと、足がそこに固定したままで、球に身体がついていきません。そこでピン球をフォア側、バック側に送ってレシーブする練習をしました。「これ卓球部でやる練習と同じだよ」と言うと、ニッとして笑っています。この練習も成功し、右に左に球を送っても、十回ぐらいラリーが続くようになりました。そのうちに、左右のコーナーや、台のまん中から横に切れる球を久くんが送ってくるようになり、私もミスすることが多くなりました。

台に着いていない時に、松野先生が、久くんをマットに座らせて向かい合って、ラケットでピン球を送って互《たが》いに小さくつき合う練習を続けてくれたので、球のコントロールがよくなりました。

Eちゃんはころがし卓球をしていましたが、その練習相手になってくれる時の久くんは、Eちゃんがとれるように、ゆるいボールを返してあげます。Eちゃんが座りこんでしまう時は、ひっぱって立たせてくれるなど、相変わらずEちゃんのことを気にかけてくれていました。チャイムが鳴って練習が終わると、泣いていることがあります。「もっと練習したい」と言っているのです。一つのスポーツを、こんなにまでやりたいと思える久くんの成長をうれしく思いました。

じぶんがすきになりました

お母さんの連絡帳からは、家族の支えもあって卓球が上達しているのがよくわかります。

「毎夜、秘密の練習というより、主人の唯一《ゆいいつ》のかかわりなので二人で遊んでいます。家の狭い机の上でしていたので、先日長居《ながい》（スポーツセンター）でボーリングと卓球をし、球が短く届かなくて二人で笑ってしまいました。

となりの台で、とても楽しそうな二人がやっている様子を見て、うらやましそうな久明でした。一人は久明と同年代の子です。一人は言葉のない人、右手に障害があり（手指が二本でした）その手で上手にやっていました。そのことを伝えると、そうかと、とにかく楽しい卓球をしていたので私達も楽しくなりました。」

卓球を通じて、家族と、とりわけお父さんとの接点が深まっていたことは、うれしいことでした。このころ、久くんが書いてくれた詩です。

大切なんです　大切なんです
おかあさん
こころです　こころが一番です
おもいました　おもいました
がっこうあって　ほんとに　よかった　とおもいました
ひさは　六中　いって
ほんと　よかった　おもいます
おかあさん　ひさはね
たいせつなひとが
できました
おかあさんとちがう
おとうさんとちがう

ひさです
ひさです
だからひさです
じぶんです
いつもよりできて　できて
おもいました
おもいました
それぐらい
じぶんが　すきになりました
おもしろいです
じぶんが　すきになりました
(日記に)かくよ　おもいました
おもいました
六中生になって
よいおもいでが　できました
おかげで
じぶんがすきになりました

一年生の時は、「お母さん、ぼくは障害者なの？」と書いて、お母さんを困らせた久くん。その久くんが、教科の学習や卓球など、一つひとつ、できることが増《ふ》えていく中で自信をつけていきました。「じぶんがすき」と言えるようになった久くんは、とてもステキです。

すべての中学生が、久くんのように自己肯定感《じここうていかん》を育むことができれば、悲しい事件も少なくなると思うのです。

太鼓

卒業前に市の「なかよしのつどい」があり「ABCの歌」を演奏することになりました。久くんは大太鼓《おおだいこ》、Eちゃんはバーチャイムの担当です。久くんの大太鼓は、一拍目《いっぱくめ》から「ドン」と入ります。最初のこの「ドン」が、なかなか合わなかったのですが、伴奏《ばんそう》をよく聞いて一人で合わせられるようになりました。バチを強く握りしめるので、時どき、バチが飛んでしまうこともありました。途中、太鼓をたたくのが早くなってしまうことがありましたが、横で「早いヨ」と声をかけてあげるか、そっと手を添えると、元に戻ります。

久くんの力強い太鼓の音が廊下《ろうか》まで響《ひび》きます。すると「おっ？」と歩みを止めて、青空学級をのぞいて下さる先生がいます。久くんはきげん良く堂々としています。Iさんの締《しめ》太鼓とよく合って三階の教室まで聞こえるぐらいです。ドドーンドンドンと、一人で好きなリズムでたたくこともできるようになっています。太鼓をほんとうに楽しんでいます。同じころ、飛鳥《あすか》という人の、本物の迫力《はくりょく》ある太鼓演奏にお母さんが久くんを連れていって下さいました。練習が終わると太鼓をかかえて、一人で教室の隅《すみ》の狭い場所に片づけます。締《しめ》太鼓をたたくIちゃんが固まってしまい、なかなか自分の締太鼓を運ばない時がありました。その様子を見ていた久くんは、スーとIちゃんのそばにいき、腕《うで》をもち、つれてきてくれました。「大丈夫《だいじょうぶ》、おいで」と話しているような感じです。見ていた私たち教師三人は、久くんの姿に見とれ、感動してしまいました。

いよいよ「なかよしのつどい」の本番です。久くんは少し緊張していましたが、力強い音を出しました。大成功でした。

ぬいぐるみを作りました。久くんは、ぞうを選びました。厚紙で型紙を切り、型紙を置いて型をとり、布を切ります。ぞうの胴体の部分をぬいます。私がぬいぐるみの本体をもってあげると右手で針《はり》を通し、左手でぬいて、また、右手で持ちかえてと、一針ずつ確実にぬっていきます。針をさす位置が深すぎて、抜いてやりなおしたり、いろいろありましたが、慣れてくると、自分で針をさしてぬくことが上手《じょうず》にできるようになりました。それから綿をつめるのも上手です。手でしっかり押しこんで、また、綿を入れるというように。

形が少しずつできて、ぞうさんらしくなっていくにしたがって、うれしさが増すようです。鼻のシワをししゅう糸でステッチ。むずかしいけど、ほんとうによく集中してやりました。とうとう、完成です。このぬいぐるみ作りが楽しくて、家へ帰っても「学校いいなあ」と、その楽しみをお母さんに伝えています。毎日、ニコニコしていた久くんでしたが、完成した日、日記を書くとき、「淋《さび》しさで思わずうつむいてしまう程の心の動きがあったようです」とお母さんが書いて下さいました。

人物画に取り組みました。「久くん、誰をかく?」と聞きますと「ちかこせんせい」と答えます。絵を描く時も文字の時と同じで、少し手を添えます。あっという間に、私の顔の輪郭をとりました。アフリカンアートのような描き方をとり入れ、思いきり自由な色を選んでぬりました。ぬっているうちに、まるで、少し肥《こ》えたムンクの「叫び」のようになってきました。ぬる時も手を添えると、筆をもって、どんどんぬっていきます。最後の仕上げは、黒で太く輪郭を描きます。なかなかおもしろい作品ができあがりました。

峠

これらの一つひとつの取り組みを心から楽しみ、卒業までの日々を大切に過ごしていた久くん。ある日、「久くん、卒業式まであと何日かな?」と、カレンダーで数え、「学校(来るのは)三十五日ぐらいしかないよ、さみしいナ」と私が言うと、
「ちかこせんせい　しっかりじりつして下さい」と書かれてしまいました。「あーあ、久に言われてしまった」とため息をついている私を見て、久くんは笑っていました。

久くんとの国語の授業で、最後にとりあげた教材が、真壁仁《まかべじん》さんの「峠《とうげ》」です。

この学習は、寛史くんといっしょに行ないました。

――決定をしいる、とは？
久明「決意をせまるところだ」
――「訣別《けつべつ》」とは？
寛史「わかれ」
――憂愁《ゆうしゅう》がながれているの「憂愁」とは？
寛史「かなしみ」

峠《とうげ》　　真壁　仁

峠は決定をしいるところだ。
峠には訣別《けつべつ》のためのあかるい憂愁《ゆうしゅう》がながれている。
峠路《とうげじ》をのぼりつめたものは
のしかかってくる天碧《てんへき》に身をさらし
やがてそれを背にする。
風景はそこで綴《と》じあっているが
ひとつをうしなうことなしに
別個の風景にはいってゆけない。

――なぜ、「あかるい憂愁」なのですか？
久明「未来を見ているから」
――のしかかってくる天碧《てんぺき》に身をさらし、とは？
寛史「天空にからだをまかせ」
――天空とは？
寛史「広く大きな空」
――どんな様子ですか？
久明「とても不安定」
――それを背にする、とは？
寛史「それをあとにする」

大きな喪失《そうしつ》にたえてのみ
あたらしい世界がひらける。
峠にたつとき
すぎ来《こ》しみちはなつかしく
ひらけくるみちはたのしい。
みちはこたえない。
みちはかぎりなくさそうばかりだ。
峠のうえの空はあこがれのようにあまい。
たとえ行手《ゆくて》がきまっていても
ひとはそこで
ひとつの世界にわかれねばならぬ。
そのおもいをうずめるため
たびびとはゆっくり小便をしたり
摘《つ》みくさをしたり
たばこをくゆらしたりして
見えるかぎりの風景を眼におさめる。

——風景はそこで綴《と》じあっている、とは？
久明「風景が重なりあっている」
——どんな風景？
寛史「天碧と峠路」
——別個の風景にはいってゆけない、とは？
久明「新しい出会いはない」
——大きな喪失《そうしつ》にたえてのみ、あたらしい世界がひらける、とは？
寛史「大きな失う悲しみにたえて　あたらしい出会いがある」
——すぎ来しみちはなつかしく、とは？
久明「今まで来た道は　なつかしい」

——ひらけくるみちはたのしい、とは？
寛史「新しい風景に出会うことが楽しい」
——みちはこたえない、とは？
久明「みちは　何があるか教えてくれない」
——みちはかぎりなくさそう、とは？
寛史「道は　これから出会うことで人をかぎりなくさそう」
——あこがれのようにあまい、とは？
久明「これからいくところを思って　あこがれのような気持ちになる」
（中略）
——そのおもいをうずめるための、その「おもい」とは？
寛史「わかれの悲しさ」
——うずめるとは？
久明「不安をまぎらわすため」
寛史「きもちをまぎらわすため」
——小便をしたり、たばこをくゆらせたり、とは？
久明「不安をまぎらわすために　いろんなことをする」
——見えるかぎりの風景を眼《め》におさめる、とは？
寛史「すぎてきた風景をできるだけたくさん見ておく」

久明「これからのことを考えるだけ考える」

久くんは、卒業後、高知県光の村養護学校に行くことになりました。久くんは、六中の先生や友達と別れて高知へ旅立とうとしている自分の気持ちをダブらせながら、この「峠」の詩の読みとりをしました。久くんの胸には、不安と熱い期待がいっぱいだったのです。

卒業文集の原稿に「おもいで」という題名でわら半紙六十二枚も書いてくれた久くん。たくましく、大きくなって卒業していきました。

〝ぼくも居場所をさがしている〟

——寛史くんの澄んだ目——

初めての筆談で

初めて寛史くんと出会った時、目がとても美しい子、目でものを言っている、と感じました。話しかけると、握った手を「ハイ」というように振り、うなずいています。私には、なぜか「寛史くんは、きっと、すぐに筆談ができる」と思えました。

寛史くんは、知世ちゃんや久くんと同じように声の言葉はなく、自閉傾向があります。寛史くんもまた、その内面を知られることなく、育ってきたのだと思います。

まだ入学後のオリエンテーション期間中で、青空学級の授業が始まっていませんでしたが、担任の先生にお願いして、一時間だけ寛史くんに、青空学級に来てもらいました。

紙を用意して、鉛筆を持たせ、静かに手を添えると、寛史くんは「うん⁉」「なに⁉」とでもいうように、一瞬《いっしゅん》緊張した様子でした。そしてその澄んだひとみを私に向けたのです。

「先生と少しだけお話ししようね。大丈夫だからね」と言うと、予想どおり寛史くんの手は、私の問いかけに答え、動き出しました。

——ひろしくん、クラスは何年何組ですか？「1ねん4くみ」

——六中にきて、どう思った？「おもしろいところです」

——新しい友達できましたか？「はい」

——何人ぐらい？「33人」（エーッ。これはクラスの生徒の人数です。よく覚えていました）

——担任の先生の名まえは？「つゆぐちせんせい」

——どんな先生ですか？「おもしろい先生です」

——青空学級では、どんなことをしたい？「べんきょうお（を）がんばる」

——ひろしくんの家族を教えて下さい。「おかあさん　おとうさん　おにいさん」

——それだけですか、ほかにいますか？「いない」

——おうちでお手伝いしていますか？「いいえ」

——ひろしくんは、まだお口つかえないけど、みんなわかっています。かしこいです。青空で、がんばろうね。「はい」

この寛史くんとの会話の最中に、私が質問の中で使った言葉の「新しい」「友達」「家族」「教えて下さい」「お手伝い」などの漢字が読めるかどうか確かめてみましたが、どの字の読みもしっかり書けました。

知世ちゃんとの筆談を考えついて試行し、なんとかできるようになったのは入学後一年九カ月たってからですが、寛史くんとは、一足飛び《いっそくと》びに、それができたのです。

その後しだいに、寛史くんのいろんなことがわかってきました。少し緊張感が強く、突然、ぴょんと飛びあがります（椅子《いす》に座っている時も）。また、突然立ちあがると、ひょいと走って行って、教室の隅《すみ》にある大鏡に自分を映して、鏡をのぞき込んでからもどってきます。不安な時や、もどかしい時は、自分の手を、手首のつけ根から外側に折り曲げるようなしぐさをします。トイレの回数が多いです。行きたい時、前を指さして私の顔を見ます。同意がなければ次の行動に移せません。「行っていいよ」と言うと、トイレに行きます。これは何をする時もです。お茶を飲むとき、教師の顔を見ます。「飲んでいいよ」と言うと、やっと飲みます。

入学して以来、寛史くんは、何かうれしいのか、いつもニコニコしています。ケラケラと声を出して笑います。ある日、あんまり笑っているので、「どうしたの？」と筆談すると、

「知世ちゃんが勉強している」と書きます。

――それがおかしいの？「はい」

――なぜ？

「小学校の時は　あまり勉強していなかったから」

「いっしょうけんめい勉強しているのがおかしい」

と書いてケラケラ笑うのです。それはそれは、おかしそうに。

スタート

寛史くんが入学した時、青空学級は、生徒数八名で、そのうち、話せない子が四人もいまし

た。重度加配《かはい》教員が配置されて、青空学級担当の教師は三名になりました。肢体《したい》不自由の生徒もおり、一人ひとりの学習到達状況や障害の違いによる学習グループの編成が大変でした。

　音楽の時間は、手遊び歌や、手話を取り入れた歌をたくさん扱いました。言葉の出ない生徒も取り組めるからです。「幸せなら手をたたこう」はみんなの好きな歌です。幸せなら「足踏みしよう」「笑いましょう」「握手しよう」「肩たたこう」と、次つぎと変えていきます。寛史くんの好きなのは「くすぐりましょう」。やる前からくすぐったそうに笑っています。「くすぐりましょう」と言いながら、私が飛んでいって、大げさにくすぐると、キャッキャッとうれしそうに笑います。他の生徒もこれが好きです。

　学校からの毎日の学習状況の連絡を読んで、お母さんも、家での様子を熱心に書いて下さいます。学校でやり始めた筆談を家でも、さっそく、とりかかって下さいました。

「　4／28　買い物に行く時、ひろしに「どこにいく?」とたずねてメモに書いてもらうと「みやいず」と書くので「イズミヤ」ときくと、ニッコリうなずくので、二人でいずみやに買物に行きました。着くとすぐフライドポテトを食べる為《ため》、走って売り場に行きます。売り場のおばちゃんとも顔なじみで「いつも走ってきてくれるね」と声をかけられてしまいました。」

　朝の会の時、お母さんが書いて下さった連絡を読んであげると、寛史くんは、うれしそうに笑いながら手を振っていました。

「　5／1　プリントみました。100点と書かれたプリント、生まれて初めて、持って帰ってきました。とてもうれしいです。中学校に入学して、まだ一ケ月しかたっていないのに、スムーズにいけて、両親共よろこんでいます。」

寛史くんは、本当は、前から100点だったのです。でも、話せない寛史くんが何をどこまでわかっているか、だれも知ることができなかったのです。中学生になって初めて、寛史くんがわかっているかどうか、私が筆談で確認しようとしているのです。できない問題にぶつかるまで。

「5／23　きのう帰りが少し遅かったので、近所で待っていると、大根とスライム*を大事そうにかかえて走って帰ってきました。あけてみると、かわいらしい大根がでてきたので笑ってしまいました。今日、料理に使います。

六中はたのしい？ときくと、大きく手をあげて返事しました。気に入ったのときくと、また返事していました。

色々な事ができて、朝もとてもうれしそうに走っていきます。近所の人から、ひろし君は学校行く時、キャーキャーと、とてもうれしそうに笑っているよと言われました。」

＊のりと水とホウ砂をしっかりまぜて作る。これに絵の具で色をつける。粘土のようにひっぱって伸ばしたりいろいろ遊べます。

うれしいお母さんからの言葉です。

こうして寛史くんの中学校生活は無事スタートしたのです。筆談を通じて家族の絆《きずな》が深まっていったようです。

「9／24　夏の間、お昼ごはん何にするときくと、必ず「たまごやき、おまめ」と書いていましたが、きのうはお父さんに「ラーメン」と書いたので、三人で堺までラーメンを食べに行きました。お父さんは、ひろしに甘いので、すぐ行こうとしました。夜「アイス」とも書いて、二人でココストアまで買いにいっていました。」

「10／3　お風呂の時、お父さんから「運動会楽しかった?」ときかれ、手に楽しかったと書いていました。」

「11／4　松野先生となにか約束したことあった?と夕方きいてみると、手に「つめきり」とかいていました。覚えてた?ときくと、首をこっくりとうなずいていました。入浴後、つめきり、耳そうじと二つもひろしの苦手《にがて》な事をしたので最後に涙がこぼれてしまいました。同時にするのはきつかったようです。」

寛史くんのお母さんは、中学に入学して最初の夏休みを、初めて短く感じたそうです。家族みんなで寛史くんと筆談をしたりして、楽しいことがいっぱいあったからだそうです。それまでは夏休みがとても長く感じたとのことです。筆談が家族の間での大切なコミュニケーション手段になっていることを、本当にうれしく思いました。

生いたち

六中では障害児への理解をすすめるために、道徳などの時間を使って、同じ学年に在籍《ざいせき》している障害をもつ同級生について、いろいろ学習します。そのために、寛史くんのお母さんに、寛史くんの生いたちについて書いていただきました。

＊

寛史は一九八四年四月六日、十五時ちょうど増田家の二男として誕生しました。分娩室《ぶんべん》の窓ガラスが夕日できれいに光っていたのを今でも覚えています。

私は二度目の出産ということもあり、お乳を飲ませる時の緊張もなく、また寛史も上手《じょうず》にのんでくれるので、すくすく成長していると思っていました。

しかし、私の祖母だけが寛史の異状に一番先に気づいていました。内祝《うちいわい》を買いに行く為《ため》預けたので生後40日か50日位だったと思います。祖母が寛史のそばに近づいても寛史がなんのアクションもおこさないのです。健常者の赤ちゃんならば、人が近づくと声を出したり、急に甘えて泣いてみたり、手足を動かしたりして、抱っこされたいという要求を意志表示するものですが、寛史の場合、寝ているのかと間ちがえた程なんの反応もなかったのです。私が買物から帰ると、すぐ祖母から「寛史をもっとかまってやりや」と助言されました。

寛史には2才1ケ月年上の兄がいます。まだ子育ての経験のない皆さんには、わかりにくいと思いますが、3才までの子供は、ほんとに目が離せません。それで寛史には悪かったのですが、お乳の時とおしめの時以外は、あまりぐずぐずすいわない赤ちゃんでしたので、寝かしっぱなしになっていました。でもその時の私には、祖母の助言がいかにありがたい言葉であったか知るよしもありませんでした。

幸い寛史には身体的な遅れがなく一才六ケ月検診までは合格できました。

ところが、二才を過ぎるようになっても、言葉がチャーチャン（母）、おんも（外）、ワンワン、ニャンニャン、ヤーヤー（ヤクルト）位しか出ませんでした。でも、のんびり屋の私は、あまり気にもとめていなかったのですが、心配していた祖母が「早く保健所に相談に行きや」とすすめてくれたのでした。

安心する為「なんの心配もありませんよ」そういってもらう為行った保健所の心理の先生から「内職《や》を止めてひたすら寛史くんと遊んであげて下さい。2才児ならこんなにゆっくりお母さんとお話しできないはずです。お母さんとの信頼関係を作らないと言葉はでません」と言われ、あぜんとして帰宅したのでした。しょぼしょぼ小雨のふる日でした。「信頼関係ができていない？」そういえば、兄が小さい時、眠くなると母のひざを枕にして、よくお昼寝をしていました。ところが寛史は自分で押し入れからふとんを出してきて自分でしいてねていました。私はなんて頭のいい手のかからない子供なんだろうと感心していましたが、このことからも、ひろしが母を必要とする時、一番手のかかる時期に、手のかからない、あまえのない要求のない子供だったのでした。

それからの私には、なんとか寛史をしゃべる子供、母に甘えてくれる子供、要求してくれる子供にするべき戦いが始まりました。内職もやめていっしょに公園にいったり、つみきをしたり通園施設に通ったり、本当に色々なことをやってみました。一年程たってある人から、東京に自閉症児専門の先生がいてその先生の指導した子供が都立高校に入学できるまでになったと聞いて「やった、この先生ならきっと寛史をしゃべらしてくれる」と思いこんで、兄と寛史の手をひいて新幹線で上京しました。

しかし、そこで言われた事は、私をもっともっとひどく落ちこませる言葉だったのでした。

「3才までにしゃべりださないと養護学校にしかいけない。4才では手おくれです。」

そのころの私は寛史のことを自閉症児だとは認めたくありませんでした。すこしおくれがあるだけで、今、努力すれば、きっとおいついて普通の小学校に入学できるようになると思いこもうとしている時でしたので、もう本当に東京駅のホームで寛史をだいてとびこんでしまいたいと思う程ひどくショックを受けてしまいました。しかし、その言葉で、やっと正面から寛史の自閉症の障害とたちむかうことができるようになったと思います。

＊

とてもつらかったことを、お母さんは、ありのまま書いて下さいました。この学習で生徒たちが寛史くんに一層やさしくなったことは言うまでもありません。障害を持つ子どものお母さんたちのこういった思いに触れる時、私は、厳粛《げんしゅく》な気持ちでいっぱいになります。

話せない寛史くんは、人知れず、すばらしい内面を育てていたのです。言葉に出せない分、その目はよく見、その耳はよく聞き、その心はよく感じていたのです。お母さんや家族の愛情を痛いほど感じて。寛史くんの目が美しく澄んでいた理由がわかるような気がしました。

授業時間

お母さんが家で、いろいろなお手伝いをするよう意識的に取り組んで下さっているので、学校でも、さまざまなことができる寛史くんです。

青空学級の生活の時間は、清掃《せいそう》をしています。教室だけではなく、トイレの床《ゆか》や便器も、デッキブラシや棒たわしを使ってやるのですが、寛史くんが床みがきをするためにデッキブラシを持つ時は、なかなか様《さま》になっています。また教室の掃除《そうじ》では、旧式の重い掃除機を運んできてコンセントにつなぎ、スイッチを入れて、掃除機をかけます。後片づけの時、接続用の長いコードも上手に巻いてくれます。

プールの横にある青空学級の畑の一隅《いちぐう》に、小さな田を作って稲を育てました。はたしてお米はできるのだろうかと私自身、自信がなかったのですが、十月の半ばには稲刈りができました。理科の小川先生の説明のあと、カマをもって、一人ずつ順に稲刈りをしました。腰をかがめ、稲を束《たば》ねて持ち、根元を刈ります。寛史くんは器用に刈ることができました。ニコニコと声もよく出して楽しそうな一時間でした。

ホットパンツ作りをしました。型紙の中から自分のサイズのラインを選んで、サインペンでたどったり、たどったラインをハサミで切ったり、とても上手《じょうず》にできます。布に型紙をおいてチャコで線をひいていきます。

男性の松野先生は生まれて初めての経験とかで、応援の首藤先生や私から説明を聞きながら、子どもたちを指導します。すると途中、じっと見ていた寛史くんがキーキーと笑っています。松野先生が、「どうしたの?」と聞くと、

「松野先生となかま」

――なぜ?

「まつの先生　おしえてもらっている」

ガクッとした松野先生でした。

スイミーの絵本づくりや、「なかよし作品展」への共同作品づくりなど、何ごとも器用で、楽しんでやっています。

バランス

寛史くんは二年生になりました。

生徒数は四人になりました。久くん、寛史くん、Eちゃん、Iちゃんです。ほとんど言葉を話せないグループです。担当教師は二名になりました。教科学習の中で、数学と英語は松野先生が、国語と社会は三浦が主として担当しようということになり、一人ひとりにあった教材づくりをめざしました。前年は、教師の人手不足で、子どもたち一人ひとりに十分《じゅうぶん》関わってあげることができませんでした。毎時間の連絡帳を書くだけでも、八人分は大変でした。

久くんも知世ちゃんもそうでしたが、できることとできないことの間に、大きなギャップがありました。寛史くんも全く同じでした。

ある国語の時間です。鈴木敏史《としちか》さんの詩「手紙」を教材にしました。

——ゆうびんやさんがこない日でも、あなたにとどけられる手紙はあるのです。ほんとに、
　手紙がくるの？　「きます」

——どういうこと？　「ひろしが　みるものすべて」

――ゆっくり過ぎる雲のかげ、は？　「すずしい夏」

――庭にまいおりるたんぽぽのわたげ、は？　「とてもかわいい」

――おなかをすかしたのらねこの声、は？　「かなしそう」

――ごみ集めをしている人のひたいの汗も、は？

「ごみ集めをしている人のすがたがとてもすがすがしい」

――みんな手紙なのです。読もうとさえすれば、は？

「感じるこころがあれば　みんな手紙です」

と、こんなすばらしい読みとりを筆談によって、表わすことができるのです。

社会科で近畿地方の県名を書き、色ぬりをしました。

大阪―あか、兵庫―あお、というように決めて、18色のペンから「あか、取って」と言ってもすぐに取れません。ちゃんと見ていないので、ちがう色をつまみます。寛史くんのひとさし指を持って「見るのよ」と言って、ズーっと色を指させてから「あか」と言うと取れるのです。つまり、目と手の対応ができてはじめて取れます。

かなり難《むずか》しい内容がわかっているのに、単純な、手で選ぶ作業ができません。筆談も同じです。手を添えるという補助があれば、頭で解っていることが表わせるのに、一人では書けないのです。松野先生が英語を担当して下さっていますが、簡単《かんたん》な会話や、単語を教えると書けるのに、アルファベットのカードを並べて、「D、取って」と言っても、取れないのです。

知世ちゃんも、久くんも、寛史くんも、このことは全く同じです。なぜそうなるのか、私には説明できません。このことは脳医学等の専門の先生方に解明してほしいです。言葉の出ない自閉症の子どもたちのために。

畑の雑草抜きをしました。咲いている花を抜こうとしたので、あわてて止《と》めました。そして「こういうのを抜くのよ」と見せるとわかって、失敗はしなくなりました。さつまいもの苗《なえ》を植える時、スコップで穴を掘り、苗を入れて、土をかぶせて、パンパンと二回叩《たた》いてすばやく押えた寛史くんを見て驚きました。自分ひとりで、いつのまにかできているのです。

しゃぼん玉の液に絵の具を混ぜて、ストローで吹いて画用紙に丸く型をつけます。それを何度かして、色を変えてまた吹きつけると、楽しい作品ができます。寛史くんがしゃぼん玉を吹くと、速すぎて、まあるくなる前に、液だけがビュッと飛び出してしまいます。何度やっても、水が飛んだ跡がつくだけです。ストローを口から離して吹くと、しゃぼん玉が少しふくらみます。息をそおっと吹きかけたり、ゆっくり吹いたりすることは、言葉の発達に大きく関係があるものと思われます。なかなかうまくいきませんでしたが、寛史くんは楽しそうにとびまわっていました。そして、絵の具や、ストローなどの後片づけをきっちりやりました。

コンパスによる作図をした時です。途中でどうしても半径がずれてしまいます。コンパスをつまんでいる親指、ひとさし指以外の指が下にさがって、コンパスを押さえてしまっているからなのです。なんとかやりとげたのですが、終わったとたん、寛史くんの目に涙があふれてきました。「コンパスの中心を固定するのがむずかしい」と書きました。よほどくやしかったのでしょう。

知世ちゃんは、石けんを泡立てて手を洗うことができなかったのですが、寛史くんは、腕をまくりあげて、ていねいに上から下まで洗えます。

ソーメンの具をつくる時に、きゅうりの千切《せんぎ》りをしました。私が見本を示すと、あとは一人で上手に次つぎと切ってくれました。ネギの小口切《こぐちぎ》りも上手でした。カマボコを板からはずして、切ることができました。三角巾《さんかくきん》とエプロン姿で喜々と包丁《ほうちょう》を使っている寛史くんは、いっぱしの料理人の顔です。

寛史くんは、基本的には、言葉がなくても、身辺自立《しんぺんじりつ》がよくできている子どもでした。発達上のアンバランスはいろいろありますが、それを埋《う》めていくことが学校教育に求められていると思います。自閉傾向の知世ちゃん、久くん、寛史くんから共通して感じることは、知覚神経と運動（行動）神経のアンバランスがあるのではないか、ということです。それは、常に一方が優位を保っているのではなく、人によって、場面によって、さまざまなのです。

ジャズ

国語の学習時間の時に、廊下《ろうか》側の窓から、Hくんという三年生のお兄ちゃんが顔を出しました。Hくんは、三年生のなかで一番のつっぱり君です。寛史くんと私の筆談による学習をしばらく見ていましたが、H君は、

「ひろしくんにぼくのこと、こわいか聞いてみて」と言うのです。筆談で聞いてみました。

寛史くんは、「こわくない」と書きました。

　H君に伝えると、喜んで「うれしい」と言いました。H君が通るだけでこわがる生徒もいます。偏見《へんけん》のない寛史くんの言葉を聞いてほっとしたのでしょう。すぐに教室の方へ上がって行きました。青空学級には、時どき、H君のような闖入者《ちんにゅうしゃ》があります。筆談を生かして、こういう触《ふ》れあいがあるから楽しいのです。
　クラス（原学級）の教科書に出ていたので、短歌の学習をしました。

　　みちのくの　母のいのちを　一目見ん
　　　一目見んとぞ　ただにいそげる　　　斎藤　茂吉

　この歌の感想を聞くと、
「もし　ひろしのお母さんが　こんな状態だったらひろしもつらい」と書きました。
――みちのくとは？　「東北地方」
――別の言い方、知っている？　「むつ」（ずいぶん難しい言葉も知っています）
――一目見ん、一目見ん、とくりかえしているのは？　「強調をあらわす」

　　たとへば君　ガサッと落葉　すくふやうに
　　　私をさらって　行ってはくれぬか　　　河野　裕子

——ガサッと落葉すくうように、とは？「とてもむぞうさなようす」
——たとえば君という、唐突《とうとつ》な出だしは？
「もうがまんがならないいきもちがあらわれている」
——ところで寛史くんもそんな気持ちになる時があるの？
「みうら先生にあこがれている」（えっ!!）
——寛史くんは何歳？「14才」
——三浦先生は53歳、こんなに年があいているのよ。
「ちかこせんせいといると希望が持てるのです」
——なぜ？「足がわるいのに先生してがんばっているから」
——ありがとう。同じ世代の女の子で、あこがれている子いないの？「いない」
——かわいいと思う子は？「いない」
参ってしまいました。

目の前の　菓子皿《かしざら》などを　かりかりと
噛《か》みてみたくなりぬ　もどかしきかな　　石川　啄木

寛史くんは、この気持ちがよくわかるようです。
「自分の気持ちが相手に伝わらずどうにもならないとき」

――そのとき、どうするの？

「手を曲げる」（もどかしい時にする寛史くんのしぐさです）

友がみな　われよりえらく　見ゆる日よ
　花を買ひ来て　妻としたしむ　　　石川　啄木

――友達がみんなえらく見えるときある？　「あります」

――そういう時は？　「とても落ち込んでしまう」

――そんなときどうするの？　「先生と筆談する」

ほんとうに寛史くんが聞いてほしい時、話し相手になってあげたといえる自信が私にはありません。

茨木のり子さんの「私がいちばんきれいだったとき」の詩の学習をした時のことです。「ルオー爺《じい》さん」というのが出てきたので、ルオーの絵を見ました。何の解説も加えなかったのですが、「これはキリストが逃れようとしているさびしい絵」と書きます。

女の子の絵では、「ゆめをみるおとめ　おだやかな顔」

キリストと他の男の人の顔だけの絵では、「キリストがさいばんをうけている」「キリストのひとみはかがやいている」「他の人は険《けわ》しい顔」「キリストはしんねんがある」

絵の意味を寛史くんなりに鋭《するど》く解釈したのには、ほんとうに感心してしまいました。

この詩の中にジャズが出てきましたので、カセットテープにジャズをたくさん録音してきて、みんなで聴《き》きました。アームストロングやニニロッソの演奏もありました。いずれも古いジャズです。寛史くんは、

「とてもすばらしい。ひろしは音楽がすきです。心が豊かになる」と書いてくれました。

このことがきっかけになって、青空学級で卓球を練習する時は、BGMとして音楽を流すことにしました。クラシック、シャンソン、ポップス、フォーク、なんでもありでした。

驚くことがありました。寛史くんと同じ三年生のIちゃんが、全くの聞き覚えで、〝スタンドバイミー〟を歌っているのです。これには感激でした。四人のうち、しゃべってくれるのはIちゃんたった一人です。そのIちゃんも緊張が強く、むずかしいことにぶつかると、よく固まってしまう子でした。私たち教師もほっとした気持ちになって、なごやかに卓球の指導をすることができました。こういうことを、もっともっと学校教育に取り入れていいのではないかと思います。

Iちゃんは毎時間、カセットデッキとテープを卓球台のある教室に運んでセット、オンしてくれました。

お父さんと

「　5/2　日記をお父さんと書くと二行で終わってしまいました。お母さんと交代して書くことにしました。最近、日記のことで、ひろしも思うことがあるようです。」

と、お母さんが書いておられたので、寛史くんに聞いてみました。

――お父さんとの筆談がむずかしいの？「はい」

――どうして？「お父さんがかいているようになる」

――どのようにしてほしいの？「そおっともってほしい」

それで私は連絡帳に「お父さんが鉛筆を持って、寛史くんに上から持ってもらって動かしてもらうとわかります。「ゆっくりかいて」「小さくかいて」と声かけして、決してお父さんが、あせって書こうとしないで下さい。あくまで「無心」に手を添えるだけにしてください」と書きました。

「５／７　きのうの日記もお父さんと書きました。書く前に、赤字の三浦Tのコメントをお父さんがぼそぼそとよんで、ひろしが、お父さんのひざの上で聞いている姿、想像して下さい。いつまで大きくなったひろしをひざに乗せるつもりでしょうか。あきれながら、その二人を、茶わん洗いしながらみていた母でした。そのひろしもめいわくではないでしょうか。いつまでも、子ども扱いやめてほしいのですが。」

とお母さん。寛史くんをめぐって愛情豊かな家族の姿が浮かんできて、思わず、一人で微笑《ほほえ》んでしまいました。

ずっと地域で

寛史くんの生いたちについて書いてくださったお母さんの手記の続きを引用します。

＊

今、中学二年生の寛史ですが、障害とは、一生、つきあっていかなくてはなりません。色々なこだわり、常同行動があり、それらともパニックをおこさせないように、うまく生活していかなくてはなりません。二年後、皆さんにも寛史にも、やってくる高校生活。現時点では、寛史には、八尾養護学校に入学するしかありません。皆さんのように公立高、私立高等《など》といった選択はできないのです。八尾養護学校は近鉄山本駅にあって非常に松原からの通学には不便な所にあるのですが、高等部卒業後の進路の事を考えると、ぜひ自力で通学する力をつけておきたいのです。皆さんのおかけで、二年の今は、一人で下校は、ぼちぼちできるようになりました。そして三年卒業の時には、六中まで一人で登下校できるようになっておかなくてはなりません。その為《ため》には、私だけの力では、どうしても力不足です。皆さんの理解と協力がなくては不可能です。どうぞ寛史の将来のことを考えてやって下さい。よろしくお願いします。

寛史は三浦先生とのであいのおかげで、一年のころから筆談できようになりました。私とも一年の夏休み中練習して、だんだん長く筆談できるようになりました。こんなことを教えてくれた日もありました。

「ぼくね、ともだちってことばすきです。それはね、いろいろなことをたすけてくれます。おともだちをたくさんつくっていきたいです。学校はたのしいです。こまったことあれば、みんなわかってくれます。うれしいです。

おかあさん、ありがとういいます。六中いけてよかったです。ぼくね、うれしいです」

この寛史に、これからもずっと地域での生活をさせてやりたい、これが私のねがいです。でも、それには皆さんのやさしさがないと、かなうものではありません。これからもずっとずっと寛史のよき理解者でいてやって下さい。お願いします。

*

「六中いけてよかったです。ぼくね、うれしいです」——教師にとって、これ以上ありがたい言葉はありません。しかし、学校という世界では、寛史くんが安心して学び生活できるよう、ある程度、教職員や生徒の力でやっていけます。でも、一歩、社会に出たらどうでしょうか。言葉の話せない寛史くんを、どれだけの人が理解してくれるでしょうか。

私は、このお母さんの願い、とりわけ、「これからもずっと地域での生活をさせてやりたい」にこめられている思いに胸が痛くなりました。誰にも、あたりまえに、みんなといっしょに生きていく権利があります。

寛史くんの、美しい目、明かるくケラケラと笑う声、元気に飛びあがり「キャー」と叫《さけ》んでいる姿、ありのままの寛史くんとして生きていける世の中が、ほしいのです。

三年生

寛史くんは中学三年生になりました。きれいに澄んだ目で、貴公子然としていた寛史くんですが、筆談という方法で、自分の言葉を表現できる経験を積み重ねていきました。その中で、一年、二年と寛史くんの中に確実に自我が育っていきました。外見的には問題行動が多くなったように見える寛史くんですが、手を引っぱってもらい、かわいがってもらい、他に方法がなくて、それに合わせていた自分から、脱出しようとしていたのです。

四月、青空の開級の日。寛史くんは、跳びはねながらやってきました。

道くんと和也くんという新入生を迎え、青空の生徒は四人になりました。自閉傾向はあるものの、道くんは言葉を声に出して話せますし、和也くんもおしゃべり好きです。前年度と比べ、青空学級は、急に、にぎやかになりました。

担当は松野先生と私です。一年生が元気なだけに、三年生の寛史くんとIちゃんが萎縮《いしゅく》しないように、そして、一年生が三年生を先輩として尊敬できるように、配慮《はいりょ》していくことが求められました。案《あん》の定《じょう》、寛史くんは、一年生を大層意識していました。今まで苦手だった雑草抜きの時、一年生の和也くんが元気に声を出して張りきってやる姿をじっと見ていると思ったら、急に黙々《もくもく》と多量の雑草を抜き続けました。「さすが三年生、先輩やな」とほめてあげました。あまりやりすぎて疲れたのか、寛史くんは青空教室にもどると、手を洗ったあと、ゴロリと床に寝ころんでしまいました。

一学期の目標を決めました。寛史くんは、①勉強がんばる、②そうじをしっかりする、③クラスで友達をつくる、の三つを決めました。これを画用紙に書いて貼《は》ることにしました。寛史くんは、昨年度の掲示物の画びょうはずしを手伝ってくれました。四人の目標を貼りました。

寛史くんは満足したのかニコニコ顔でした。

三年生の沖縄修学旅行が近づいていました。その準備で、お母さんと買い物に行った時のことです。ブリーフを買う時、いつもは白しかはかない寛史くんが、「何色にする？」と聞くと、「ブルーやグレーのしましま」と答えたそうです。お母さんはびっくりしてしまったとのことですが、お兄ちゃんになって、おしゃれ心が芽ばえたのかと喜んでおられました。

沖縄修学旅行は、クラスの班のみんなが共に行動をしてくれて、楽しく過ごせたようです。初めての飛行機は、緊張したようでした。マリンスポーツでカヌーをしたのがおもしろかったようです。みんながおみやげに（寛史くん用）選んでくれた、さんごのネックレスが気にいって、買い物に行く時も、散髪《さんぱつ》に行く時もつけていくそうです。

五月に入って、朝、青空に来るのが十分ぐらいおくれる時がありました。三人の教師でさがしましたが、この時はトイレに行っていたようです。でも、なにか様子がおかしいので筆談してみると、「ともだちができないのでさみしい」と書いたのです。よくしてくれた二年生の時の友達と、クラスが離れてしまったからでしょう。

久くんも三年生になった時、しばらく、「友達がわかってくれない」などといって、悩んでいたことがありました。寛史くんに、「先生も足が悪いので、友だちがあまりなくて、さびしかったけど、負けなかったよ」と私の中学時代を思い出していろいろ話しました。朝の遅い時がしばらく続きました。

ニーダム先生

新学期早々、ちょっとブ、ル、ーな寛史くんの気持ちを明かるくひき立ててくれることがありました。英語学習のためにニュージーランドからニーダムさんという、やる気まんまんの青年が来てくれたのです。お願いして、青空学級の授業にも何回か来てもらいました。

ニーダムさんは、子どもたちに明かるく〝ハロー〟と呼びかけ、寛史くんにも、何度も発音練習をしてくれました。dog や fish の発音をくりかえしていた時、寛史くんが、突然、

「ハァロー」

と言ったので、ニーダム先生もびっくり。最初は緊張していた寛史くんも、授業の後半からはニコニコとうれしそうな顔になりました。

音楽の時間にもニーダム先生が来てくれました。寛史くんに〝ハロー〟と声をかけてくれ、寛史くんも何か言いたそうでした。

「幸せなら手をたたこう」を歌っていた時でした。ニーダムさんは、「幸せならツイ、、、ストしよう」と言って、とてもおもしろい格好《かっこう》で腰を振ってツイストをしたので、みんなも、つられてツイストをやりました。青空の子どもたちは、みんなニーダムさんが大好きになりました。

図書館に入れる本を選ぶために、本屋さんが本の見本をたくさん持って来ているというので、青空学級の生徒も連れて見にいき、一人ひとりに読みたい本を選んでもらいました。その時、寛史くんはなんと、『LET'S GO TO SCHOOL』という本を選んだのです。ニーダムさんのおかけで、英語への関心が高まったのでしょう。

自分から

和也くんは朝の会が始まるまで、いつも先輩の寛史くんの前に行って、「アー」とか「イー」の発音練習をしてくれています。寛史くんは、口の形をまねて、それに近い音を出そうとしていました。

その日は、いつもと違いました。途中で、寛史くんが和也くんの手の平《ひら》に何かを書いたのです。この時、寛史くんの手を誰も持っていません。驚いて松野先生が筆談してくれると、「和也くんのようにできない、すみません、ごめんね」と伝えたかったというのです。

寛史くんが自分から指談で話しかけようとしたのです。「すばらしい。何か伝えたいと思ったら、今日のように自分からやろうね」と、私は思わず寛史くんに言っていました。

家でも、寛史くんの自我の芽ばえが、いろんな場面で見られました。

「4/22　お父さんが家に帰ってくると、す～っと二階に上がってしまいます。今までは喜んで玄関のドアをあけにいってうれしそうに笑っておかえりしていたのに、えらいちがいです。下におりてきても別の部屋にいます。お兄ちゃんの時と同じで、お父さんがさびしそうです。」

「6/2　ひろしから子供あつかいしないように言われたのでお父さんに一緒にお風呂に入るのをやめるようにいうと、わざわざひろしに確認をとって「おゆるし」をいただいて入らせてもらっています。」

「 6／21 朝食の時、母が手が離せないと自分でおみそ汁をよそってもらっていました。でも今日、母がおわんにと、手を出したら、ひろしがおこって母の手首をぎゅっとにぎって、「自分でする」と、いかりを表わしました。ちょっと痛かったです。でも、はじめて、ひろしが私に対して、いかりを表わしたのは、びっくりしました。」

七夕の願いごとを書きました。寛史くんの願いは「高校へ行きたい」「しゃべれるようになりたい」でした。中学三年生らしい願いごとに胸がキュンとなりました。

心の嵐

二学期のはじめての授業の時、お母さんからの連絡を読んでいると、寛史くんが、突然「ガガガ」と叫《さけ》んだので、「どうしたの？」と聞くと、

「ひろしはかなしい　いえのひとが　ひろしのことわかってくれない」

と書きます。どうも筆談がうまくいかなかったようです。その前日、家では、昼食の時、突然ガラスをたたいて、おこったのだそうです。いろいろ話し合ったあと「寛史くんも、できるだけ、だれにでもわかってもらえるように書こうね」と言って、約束をしました。

翌日のお母さんの連絡を読んで驚きました。夕方、お母さんと、イズミヤに行くと、いつもどおりポテト売り場に走っていったのですが、その時、知らない買い物客の腕を突然さわって、相手の人をびっくりさせてしまったというのです。

二学期になり、寛史くんが急に、「ガガガ」とか「オイ　オイ」と大きな声を出すのが気に

なっていました。お母さんに聞くと、夏休み中に声を出すようになったと言うのです。

ぬいぐるみ作りで型紙をとっている時でした。他の生徒を見ていたら、寛史くんが叫ぶので、「どうしたの？」と聞いてみました。

「千賀子先生がすきです。ひろしのそばに来て」

というのです。三年生になってから少し感じていたのですが、一年生を指導している時、どうも寛史くんの視線が気になっていました。必ず、他の生徒と同じように寛史くんも交替《こうたい》で見ていたのですが、明らかに嫉妬《しっと》しているなと思えました。寛史くんは、ライオンのぬいぐるみ作りです。和也くんもIちゃんも糸とおしができず、私も針穴が見えないので、寛史くんにやってもらいました。そういう時は上機嫌《じょうきげん》です。

九月のある日、寛史くんがマニキュアをつけてきました。お母さんがつけるのを横で見ていて、「ひろしもつけて」と、してもらったのです。日曜日の夜、「明日学校だから、とっておく？」と聞くと「とりません」と固い意志を示したのだそうです。「善勝先生（生徒指導主任）におこられてもしらんよ」と言って、お母さんは送り出したというのです。これも先生の気をひく作戦だったかもしれません。

授業に遅れてくる日が何日か続きました。一分や二分くらいなら驚かないのですが、十五分も遅れてきました。

――どうして？

「クラスの子が行きと言ってくれなかった」

――でも二年生の時は、ちゃんと来れたでしょ。毎日みんなが行きと言ったの？

「自分で来れた」

――じゃあ、三年生だから来れないとおかしいよ。言ってくれないと一時間中、クラスに居るの？

「それはこまります」

――じゃ明日から自分で来ようね。

と約束。松野先生から担任の井須先生に聞いてもらうと、次のことがわかりました。寛史くんは、毎日、友達数人と登校しています。それが最近、寛史くんは登校途中、何度も立ち止まるというのです。岡公園が一番、長いそうです。友達のTくんが声かけして、なんとか連れてきてくれるのですが、そのためにTくんたちも遅刻することがあるとかで、担任の先生に相談して「寛史くんに声かけして、来なかったら、先に来ていい」ということにしたのです。

そこで、この週、松野先生（三年生所属）が、ずっと下足室《げそくしつ》で様子を見ていたところ、寛史くんは、毎日、チャイムギリギリの登校だったといいます。松野先生や井須先生が「何で途中で立ち止まるの？」と聞くと、

「みんなが僕のことみていてくれるかしりたい」

と答えたそうです。友達のことを試していたのです。翌日は休みで、お母さんの連絡を見ると、

、「眠っているのかと思っていたら、ふとんの中で、もの思いにふけっているように、たたみの目を見ていた。」

と書いてありました。お母さんは気になって、登校時、寛史くんの後をつけました。

「10／14 様子を見るため、ひろしが出たあと、しばらくして岡公園に行ってみました。するとい入り口で、ひろしが一人で、とびはねてあそんでいました。他の人たちは、もういませんでした。寛史は母の顔を見るなり、一目散《いちもくさん》に走り去っていきました。水筒もとどけるつもりで裏門まで行ったのですが、無視して、校舎の方に走っていきました。そうとうおどろいていたようです。」

寛史くんが、自分のやっていることを、よいこととは思っていないことが、よくわかります。寛史くんは、自分の中から湧《わ》き上がってくる自我をコントロールしかねて、いろんな場面で、心の嵐にもがいていたのです。

成長

一方で、寛史くんは、精神的な自立に向かって大きく成長していこうとしていました。

「2／14 歯科検診で寛史と母の筆談の様子見ていた先生が、どうやってるのと聞かれたのでちょっと説明すると、先生が寛史としてみて「一人で診察できる？」ときかれました。するとはっきり「できる」と書いたのです。一人で診察室に入ってしっかり診療できました。途中、痛くなって休みたい時はちゃんと先生に「休けいしてください」と書いて、コミュニケーションがとれました。学校以外の人とも筆談できてうれしいでした。」

画期的なことです。教師やお母さん（家族）以外の人と筆談（指談）できることを、私は、想定できていませんでした。筆談の大きな可能性を示しています。

国語の学習は一年生の道くんと同じグループです。道くんは寛史くんをとても尊敬して「センパイ、センパイ」と呼んでいます。道くんが読みとれない内容を、いとも簡単に、寛史くんが答えるからです。そして時どき、寛史くんが「オイオイ」と叫ぶ時、道くんは私に「どうしたのか聞いて」と言います。私は道くんの目の前で寛史くんと筆談をします。それを、道くんは感心してじっと見ています。

ところが寛史くんは、言葉がよくしゃべれる道くんへの対抗心や嫉妬からか、道くんをほめると「ガガガ」とおこったり、内容の読みとりをしている時に「みうらせんせい　すきで……」などと書いて、独占欲《どくせんよく》を表わそうとするのです。卓球の練習中に、突然、見ている私の手首をギュッとつかんだり、Iちゃんの手首をつかんだりします。その痛さでIちゃんは固まってしまい、自分の力が出せなくなります。

こだわり行動がとても強くなっていました。

青空学級の中にあるトイレに行くとき、何回も同意を求めます。私が「いいよ」と言い、Iちゃんや、道くんや、和也くんが、次つぎに「いいよ」と言っても入らない時があります。あんまり続くので「今日から、いいよは一回しか言わないからね」と宣言しました。寛史くんが同意を求めて、松野先生や私が「いいよ」と言っても入らないと、道くんが「一回だけ」と言うようになりました。するとあきらめてトイレに入ります。寛史くんもわかっているのです。

南河内の卓球大会にむけて、毎日、練習を積み重ねたので、一年生のころとは比べものにならないぐらい上達しました。速くて低いサーブを、しかもコースをねらって送ってきます。その寛史くんがある日、道くんに勝ちました。練習試合が終わってチャイムが鳴ったあとも、まだ卓球がやり足りないのか、寛史くんは、台から離れず、「エイエイ」と大きな声を出し続けています。しかたがないので、特別に五球ほど練習をしてあげました。それでも「エイエイ」とやっていました。道くんが近づいて「先輩、気持ちはわかるけどー」と、なぐさめます。

道くんは言います。「このごろ先輩の声が、はっきり言葉に聞こえるよ」

静かに落ちついた、貴公子だった寛史くんのイメージは大きく変わりました。寛史くん自身、そういう自分を、どうコントロールしたらよいのか、わからなかったのでしょう。

確かな〝自分〟に向かってしっかりと成長している寛史くんです。

ぼくも居場所をさがしている

新川和江さんの詩「教えて下さい　どこにいればいいのか」を学習しました。

寛史くんは、このむずかしい詩を、ほんとうに、しっかりと読みとりました。

――腰をうかして立ちあがり、とは？　「おちつかないようす」

――どうして「うろうろと回って」みるの？　「いるべき場所をさがしている」

――小鳥がちょっととまっていった小枝とは？　「ちょっと休憩《きゅうけい》しているにすぎない」

――小鳥とは誰をさしていますか？　「ぼく」

――水夫が漂着《ひょうちゃく》した島、とは？　「海に漂《ただよ》ってどこかの島にたどりついた」

教えてください　どこにいればいいのか

新川　和江

教えてください　どこにいればいいのか
ときどきぼくは
不安でたまらなくなる
腰《こし》をうかして立ちあがり
いまいる場所を
うろうろと回《まわ》ってみずにはいられない

どういうところなのだ　ここは
世界のどこなのだ　ここは
隣室《りんしつ》には父母がいて
アルバムの中には
ぼくの幼い日の写真が貼《は》ってあるけれど
小鳥がちょっととまっていった

小枝に過《す》ぎないのではないか
水夫が漂着《ひょうちゃく》した
島なのではないか　ここは

ここへお掛《か》け　とつよい声で言ってください
宇宙の中で　地球が
夜と昼を　どもることなく歌いつづけているように
鏡が
ひびきの中心に吊《つ》るされているように
古い森を叫ばせた斧《おの》が
日暮れは　きこり小屋の板壁《いたかべ》に掛けられるように
きょう坐り
そして明日も坐っていい
ぼくの居場所をつきつけてください
まだすっかりは育ちきっていない
ぼくの手で　さわれるように　見えるように

――もし自分が島に漂着したら？　「とても不安なきもち」

――ここへお掛けとつよい声で言ってください、とは？

「どうしていいかわからないから　こうせよと　はっきりいってほしい」

――夜と昼をどもることなく歌いつづけているように、とは？

「地球が止まらないこと　夜と昼をまちがうことなくうごいている」

――鏡がひびきの中心に吊《つ》るされているように、とは？

「われないように重心を考えてつるしている」

――古い森を叫ばせた斧《おの》とは？

「古い木がいっぱいある森の木を大きな音を立ててたおした斧」

――きょう坐りそして明日も坐っていい、とは？

「ずっとおれるぼくの居場所」

――ぼくの居場所をつきつけてください、とは？

「はっきりと　おしえてほしい」

――まだすっかりは育ちきっていない、とは？

「ひろしのように思春期の人」

――ぼくの手でさわれるように、見えるように、とは？

「具体的におしえてほしい」

――だれが居場所をさがしているのですか？　「ぼく」

――その居場所とは何をあらわしていますか？　「いきかた」

――ぼくとはどんな人ですか？　「なやみ多い青年」

――あなたの居場所はありますか？

「あります　あおぞら」

――この詩を読んだ感想は？

「この詩はまるでぼくのことみたい」

――どんなところが？

「ぼくも居場所をさがしている」

――どんな？

「ひろしのしょうらいのこと」

その時の寛史くんの心にぴったりの詩でした。この詩によって寛史くんは、自分自身をふりかえってみることができたのではないかと思います。

初めてのげんこつ

「12／1　きのう母が用事ででかけて丹南に向かって走っていると、小学校の時の同級生のお母さんと一緒になりました。もうすぐ卒業やねと話をしていると「寛史くんの字、私もよめるよ、いい先生と出会えてよかったね」とよろこんで下さいました。青空通信をよんでいて、ひろしの事を気にしていてくださっているからだと思います。母も本当に六中に入学してよかったなとつくづく思いました。」
寛史くんを見つめる温かい目が、地域に、確かに存在することを知り、うれしく思いました。
寛史くんの帰りが遅いと、お母さんから電話があり、教師みんなでさがしました。その夜のお母さんの記録です。

「12／9　きのうはご心配をかけてすみませんでした。三浦先生からの電話の後、親にすてられて生きるため強盗している子供のドラマがあり、かわいそうな子やな、ひろしは親から大事に育てられてるのに遅刻したり、帰るのが遅かったりして皆に迷惑ばかりかけてだめやなと話していると、急におこりだして叫ぶので、理由をきくと「ひろしもかわいそうです。だってしゃべれないから」とかくのです。涙が出てしまいました。

今までわざとまちがえて、皆に、ひろし、ひろしと声をかけてほしかったようです。そこで、ひろしが10月くらいからしてきた事で、なにか皆にいい印象あったと思うかいってきかせました。

全て悪いように思われる事ばかりやろ「ひろしはやっぱりしゃべれないからあんなことしかでけへんな」と思われるばっかりや、といってきかせました。

みんなにひろしの考えている事がわかるのは、やっぱり自分の力だけで字を書いて、読んでもらってわかってもらうしかないと言ってみました。

今はしゃべれないことから逃げてるだけ、努力して色々な事（時間を守る、一人で特別教室に行ける、帰れる等々）、声をかけられなくても一人でできることが皆から認められることやろ。2ケ月間、反対のことばかりしてきたね、といったら納得してました。きのうは生まれて初めてげんこつでたたいて、ひろしの前で初めて泣いた日でした。母が施設にいれるからとうそつかんでええようにと泣いてたのみました。

ひろしは今まで母が思っていたより深く悩んでいたようで、もうちょっとで、母までひろしのことを誤解したまま、まちがったまま進むところでした。ちょっとはひろしもこたえたと思うのですが……母は本当にこたえました。でもやっと今になって、本音で話しあえるようになってきたみたいです。

ひろしのこと信じているから、みんなから信じてもらえるようがんばってね。障害から逃げないでと、なんども話しておきました。」

涙をふりしぼって、寛史くんに対峙《たいじ》したお母さん。寛史くんを愛するがゆえに、あえて厳しく強い母であろうとしたお母さん。お母さんの真剣な姿勢に、私たち教師は頭が下がりました。しばらくすると、寛史くんの「オイオイ」とか「ガガガ」という大きな声がしなくなり、少し小さく低い声になっていったのです。それで、「どうして?」とたずねると、

「こわがられないように」と答えます。「どこかで練習したの?」ときくと、

「家の二階で」と答えました。

自分で自分をコントロールしようと努力している寛史くんの姿を見て、自立への強い意志を感じました。

「　1／14　あいかわらず声の出し方を研究しているようで、湯舟のなかで「ううん」「う

ん」「うー」とか、色々やってみています。朝、出かける前も、ものすごい気合いのこもった声を出して、いってきますしてからでかけ、家の外では大声を出していないようです。」とお母さんからも連絡がありました。

国語で黒柳徹子さんの「ボランティアはじめの一歩から」を学習しました。黒柳徹子さんがかかった結核性股関節炎《こかんせつえん》と同じ病気に私も三歳の時にかかりました。黒柳さんは一万人に一人という奇跡《きせき》で助かったそうです。私は小学校に一年遅れで、松葉杖《まつばづえ》をついて入学しました。小学校三年の時、病気がまた悪化し休学しました。私は腰から右足の先までギブスでぐるぐる巻きにされ、天井《てんじょう》から右足を吊《つ》ってベッドにくくりつけられていました。この話を寛史くんは目をかがやかせてうれしそうに聞いていました。あとで指談すると、

「ちかこせんせいもくろうしたんだね」と書いてくれました。

社会科で衆議院、参議院の選挙のことを学習している時でした。「ひろしくんはどんな考えで投票する?」とたずねると、

「国民を大切にする人　障害をもつ人への対策をする人　平和を守る人」と答えました。

その学習をしたあと、ムーと口をつぐんで何か声を出していたのできくと、

「ちかこせんせい　ひろしはしっかりした大人になります」と書きました。

資料をみながら第一三二通常国会で成立した法律条約の中で、寛史くんが一番関心があるものとして、「阪神大震災関連法」をあげました。その理由をきくと、

「まだ生活再建されていない人がたくさんいる」

――どんなことでの再建ですか？

「家を建てなおす　仕事をさがす」

社会的問題に対して、自分なりにしっかりとらえているので感心しました。

二学期吹き荒れた心の嵐は、ずいぶん、おさまっていました。朝、おそくなることは、まだありましたが。

卒　業

松原市の「なかよしのつどい」に出演するための出し物を練習していたときのことです。礼をするとき、ピッタシのタイミングで、寛史くんが「レイ」のような声を出したので、みんな驚き、感心しました。寛史くんの〝やるぞ〟という意気ごみが伝わってきました。

国語の時間、課題が終わると、一人で鉛筆を持って名前を書く練習をしていました。友達や先生の名前も書いてもらいました。鉛筆を持っているうちに、握力《あくりょく》がゆるんできます。しっかり持っている時はなんとか書けるのです。その時は、脳の伝令が指先に伝わるからでしょうか。親指、ひとさし指、中指の三本でしっかり鉛筆を握り、小指で紙を支えて書くこと、三本の指が団結することで、寛史くんの話す言葉のかわりになることを何度も伝えながら練習しました。

「もう本当は書けるのでは？」と言うと、ウンウンと何度もうなずいています。

あいかわらず長くトイレに入ったりして朝がおそいと、お母さんがイライラしておられるので、そういう時は、もう声をかけないで放っておいて下さいとお願いしましたら、トイレも驚くほど早く出てくるようになったそうです。

卒業アルバムの表紙づくりは『11匹のネコ』の絵本が気にいって表紙に採用しました。トレーシングペーパーで下絵をかき、マジックで、輪郭《りんかく》をとり、うすい水彩画にしました。ていねいに型をとり、採色します。大波が押しよせている絵が寛史くんの好きな青を基調として、ダイナミックに描かれていきました。

卒業文集の文を書きました。

「ひろしはしあわせでした」「ひつだんがあると　ひろしのきもちが　わかってもらえるからです」

「べんきょうするときも　むずかしいことをしてくれますので　たすかります」

そして、道くんや和也くんを励《はげ》ますことばを書き、最後に、

「ひろしは障害にまけずに明るく生きていきます」

と結びました。私は途中、何度もまぶたが熱くなりましたが、ぐっとこらえて、筆談の補助をしました。

裁判所の学習をしている時でした。寛史くんにできるだけ一人で書いてもらっていたのですが「める」がなかなか字にならないので、私は「自分で書くまで続きやりません」と、厳しい態度をとってしまいました。そのうち寛史くんが泣きました。私も泣きました。

「寛史くんがどんなにわかっていても、周《まわ》りの人はわかってくれないよ。書けるようになってほしい」「先生は寛史くんたちのことを、みんなに正しく理解してもらうため、これから、

いろいろなところで話したり、書いたりしていこうと思っています。言葉を話せない自閉症の子のことを、この子たちは、みんな、きちんとわかっていることを。そのことがこれからの先生の仕事だと思っているのよ」と話すと、寛史くんは、「ぜひ書いて下さい」といってくれました。二人で大泣きした時間でした。授業の終わりに、

「ひろしのために泣いてくれてありがとう」

と書いてくれました。お母さんは、こう書いて下さいました。

「　3／8　生徒と先生が同じ思いになって涙を流す授業、母も受けたことがありません。学生時代に泣くなんてこともありませんでした。ひろしのように感じて考える力がなかったように思います。ひろしの持っている力を引き出してくれる先生と出会えて本当にひろしは幸せでした。もうさびしくてさびしくて、母も卒業したくない気持ちです。ひろしも同じと思います。」

思えば、寛史くんが、先生や友達の気を引こうとして、いろいろな問題行動をおこしはじめたころというのは、ちょうど体育大会が終わって、三年生は、受験一本の学習生活に入ったころなのです。自分のことをやりこなすだけで、中学三年生の子どもたちは精いっぱいの時期です。その友達の変化を、寛史くんは敏感に感じとっていたと言えます。

そういえば、こんなことがありました。青空である教科の学習が終わって、ふと見ると、寛史くんが、何もいわないのに、自分でプリントを出して漢字の勉強をしているのです。「スゴーイ、寛史くんがんばってるねんなあ」と思わず声をかけました。そういうことが一、二月ころ、

何回かありました。

じつは寛史くんは、一度、泣きながら家へ帰ってきたことがあるそうです。「どうしたの?」とお母さんが聞くと、「みんなが受験で忙しくしているのを見ると、一人、とり残されているよう」と答えたそうです。

青空の宿題で出しているプリントを、一人で出して休み時間に勉強している寛史くん。三年生の友達が、休み時間もノートやプリントを出して、勉強したり、友達どうし教えあったりしている姿を見て、自分も同じようにしたいと思ったのでしょう。その健気《けなげ》さに胸が打たれました。言葉で言えないことが、毎日毎日、胸に積もって、寛史くんをひとりで行動にかりたてていたのです。そして、そのさびしさをうめるために、涙ぐましい抵抗を、先生や、友達や、お母さんにしてきていたのです。

寛史くんは八尾養護学校高等部に進学しました。私は、ノートや黒板で筆談しながら学習する寛史くんの様子を撮ったビデオを、八尾養護学校の先生たちに見てもらいました。

その後、八尾養護学校の担任の先生が筆談による学習を取り入れてくれているという、うれしい便りがお母さんからありました。

〃ぼくは自閉症を克服したんだ!!〃

――道くんとの一年間――

小学校で

初めて道くんと出会ったのは、市の発表会「なかよしのつどい」の場でした。ある学校が舞台で発表していた時、舞台の前の端《はし》に立って両手を広げ、片足を折り曲げて、やじろべえみたいに道化《どうけ》て、一人目立っていた男の子がいました。道くんでした。

その時は、あとで私の中学校に入って来るとはまだ知らずに、私は、なぜかその男の子が気になっていました。

入学式では、ブラスバンド部の演奏にあわせクラスごとに入場したのですが、道くんは、楽器に気をひかれて、演奏者の方に走り寄って行ってしまいました。道くんは、その後、あこがれのブラスバンド部に入部しました。

青空学級での初めての授業の日、一人ひとりの座席を決めました。そして、自分の机、椅子《いす》に名前のプレートを作って貼《は》りました。その時、道くんは、MICHIHIKO NAKANISHI とローマ字で書いて、先生や青空の仲間を驚かせました。〝自分は違う〟という自己誇示《じここじ》であったように思います。

そのころ、道くんは、「なぜなの?」を連発。しかも、そのとき話題になっている内容とは少しずれた質問をくりかえしていました。会話がかみ合いにくいという印象でした。

小学校の時は、なかなか学習に集中しにくく、担当の先生方が、いろいろ目先を変えて、内容に変化を持たせていたということでした。音楽は声に出して歌わず、歌っても、歌詞を勝手に変えたりしていたということ、また、くりかえしの計算は苦手《にがて》で、長続きしなかったということを小学校の先生から聞いていました。

お母さんに、道くんの小学校の時のことを詳しく教えてもらいました。私は、目の前の道くんから授業実践《じゅぎょうじっせん》を組み立てていったのですが、お母さんのお話は、私が想像していたよりもっと大変なことでした。

＊

小学校に入学して間もない四～五月に、宿題で、ひらがなの「い」「う」を練習することがありました。すでに五十音は知っていたのに、八マスのマスの中に字を入れるのがいやで、わざと大きく書いて、はみ出させてしまったそうです。何度もくりかえして書くのもいやがりました。わざと力を入れて鉛筆の芯《しん》を折ったり、手の力を抜いて、くにゃくにゃにして、鉛筆を落としてしまいました。

算数では、5までのたし算で、「2＋3」などわかっていても、わざと芯を折ったり、力を抜いて鉛筆を持とうとしなかったのです。「2＋3」の答えを書くのに二時間かかった時もありました。

学習の基本となる「書く」ことに強い拒否《きょひ》がありました。しかたなく、お母さんは、保育所時代のようにマス目がない白い紙とサインペンを用意しました。

ひらがなさえ、書くことに拒否的だったので、漢字練習は、筆で、白い紙に絵の具の黒で書かせてみたそうです。

また、教室内では字を書かないため、一人、ワープロを貸してもらったところ、クラス中の友だちの氏名をうっていたこともあったのです。

配られるプリント教材をやぶったり、落としたりするので、学習机にセロテープで止めてもみましたが、むだだったようです。

教室が安心していられる場所とは思えなかったようで、中に入ろうとせず、ドアのすき間から、教室の様子を観察していたこともありました。そして、自分も一年一組の一員であることを示すかのように、授業中、学級園（花畑）から、ホースで教室内に水をまくというハプニングもありました。

二年生の時、「人間がこわい」と言って、教室に入ろうとしない時もありました。友だちとの積極的なかかわりがこわかったようです。

たくさんの言葉を持っていても、自分の関心事（セーラームーン・海の生物など）について一方的に話すだけで、一日の出来事《できごと》で心に残ることを話すことはむずかしいようでした。

三年生、西除川《にしよけがわ》をサイクリングした後で、川の名まえをたずねてみた時のこと。知っていると思われるのに、なかなか川の名まえを言いません。聞きつづけると、拷問《ごうもん》のように感じたのか、顔は、苦しみといかりが混じって半泣きになりながら、三十分以上もかかって「西除川!」と叫んだそうです。

答えてほしいという願いのこめられた母親の質問が、たった一言でも、道くんにとってはこんなにつらいものなのだということを、はじめて知った思いがしたそうです。人との対話のむずかしさを、お母さんは痛感《つうかん》されました。

四年生、とぎれとぎれの文章の視写と、単なる計算のくりかえしに、学習に興味を持てず、拒否的で、なぐり書きのような文字になっていたといいます。

そのまま五年生も、同じような学習内容で興味を持てずに過ぎ、六年生では、少し内容が変わったのですが、まだ自分に自信をもてず、学習面でも力を発揮《はっき》しきれずにいたのです。

ふつう、母親なら、子どもが帰宅すると何気《なにげ》なく聞くこと、「学校で、何かたのしいことあった?」「だれとあそんだの?」「給食おいしかった?」といった、ごくふつうの問いかけにも、小学校時代には、かんたんな返事さえしてくれた記憶がほとんどないというのです。

対話とか会話は、話し言葉では、むりなのだろうかと、ほとんどあきらめの心境だったとのことです。

何歳になったらボクは読みとりができるの？

中学へ入学したての道くんは、とにかく、はりきっていました。何ごとにも「はい」と大きな声で返事をします。前年度の青空学級が、ほとんど言葉を話さない子どもたちだっただけに、それは新鮮でもありました。

最初の国語の時間、谷川俊太郎さんの「明日」という詩を教材にしました。道くんは三年生の寛史くんと同じ学習グループでした。最終学年をスタートする寛史くんに合わせた教材だったので、道くんにはむずかしいと思われました。

ところが、その詩に出てくる漢字を読んでもらうと「口調」「支度」「湧く」だけが読めず、あとは、みんな読めたのです。そして初めて朗読《ろうどく》する詩にもかかわらず、めりはりをつけて、ほんとうに上手《じょうず》に朗読できたのです。

さて内容の読みとりになると、寛史くんのようにはいかず、ぎくしゃくしていました。すると、道くんは言ったのです。

「何歳になったらボクは読みとりができるの?」

私は「すぐにできるよ」と答えました。ほんとうに、そう思ったからです。

次の二時間目、苦手だった(?)読みとりをしました。

――小さな約束って？　「時と所」

――時って？　「時間」

――所って？「場所」
――なんのための時と所？
（少し時間がかかりましたが）「古い友だちと会う約束」と、わかりました。
――ひとつの小さな予言って？「天気予報」（すごい、すぐ言えた）
すると今度は道くんが、
「なんで、小さいっていうの？」と鋭《するど》い質問をします。
――天気予報を見たことある？「ある」
するとまた、道くんが質問、
「ふろ入りながら見れる？水しぶきの中で見れるのがある？」
――道くんの家にあるの？「ない」
――水しぶきの中できけるラジオ、先生のところにあるよ。
「ない」（話が脱線してしまいました）
――天気予報のつつましい口調、だれの？「アナウンサー」
――口調って？（辞書を引く）なんて書いてある？「ことばの調子」
――どうしてつつましい口調なの？
（これには、困って、いろいろヒントを与えると）「いつもやっているから」
いずれにしても、すばらしい読みとりができる子だ、と私は思いました。
お母さんは、一年後、その時のことをふりかえって、

「日常会話がままならない道彦に、先生は、詩のよみとりという、大きなチャレンジを与えて下さった。

たずねられたことに答えるという単純なことが、とってもやりにくい子に、しかも、くりかえしてたずねると、ますますかたくなになって、言わなくなる道彦に、先生は、何のためらいもなく、質問形式で、詩のよみとりという教材を準備して下さった。」

と言って下さいました。

何曜日が好き?

青空学級は小さな集団ですが、それでも、ふつうの学級と同じように、一人ひとりの役割を明確にし、みんなで運営することを基本としています。青空の子どもも、集団の中で確かに育つという実感が持てるからです。

いろいろな役割の中から、道くんは号令係《ごうれい》になってくれました。その日から、道くんの「きりつ」「れい」「ちゃくせき」の元気な号令が響《ひび》くようになり、久しぶりに青空学級に活気をもたらしてくれました。

美術で「ビー玉ころがし」をしました。木枠《きわく》をつけた画板の上を、絵の具をつけたビー玉をころがして作品づくりをします。道くんは、「ボクは赤から青の間の色が好き」と言って、赤色・青色・紫と赤紫の混合色、群青《ぐんじょう》色と赤の混合色などの絵の具をつけました。

「ボクは赤から青の間の色が好き、和也くんは?」

突然の質問に、いつもはおしゃべりの和也くんもポカン。答えることができません。質問の意味が理解できないのです。

プラバンを造りました。プラスチックの板に下絵をマジックで描き、色マジックで色をぬり、それを短時間、オーブントースターで焼きます。できあがったのは、小さく縮《ちぢ》んだ、きれいなブローチです。穴をあけてヒモをつけ、ペンダントにしました。この下絵を、他の三人の子は、絵本やアニメなどから好きな動物や形をさがして描きましたが、道くんは、自分で描くというのです。道くんは作品づくりになると、必ずオリジナルなものを作ろうとします。

「何時間かかってもいい?」

——いいよ。

「一〇時間かかってもいい?　二〇時間かかってもいい?」

——そんなにかかると、道くんだけ、次の作品に取りかかれないよ。

そう言うと、質問をやめて黙々《もくもく》と取り組みはじめます。

道くんは、時どき、こんな質問をします。

「何曜日が好き?　ぼくは土曜日が好きだよ」

青空の子どもたちは、この質問に困ってしまって答えられません。道くんは、クラス（原学級）の友達にも、次つぎと、この質問をしていきます。どの子にも同じ質問をくりかえすので、しまいには、うっとうしく思われて避《さ》けられてしまいます。やさしい女の子たちは、それでも相手になってくれます。

このように、道くんの会話は少し変わっていて、一方的な質問や会話が続くので、生徒たちは、うまく対応できないようです。道くんにしたら、友達とどんな会話をしたらいいかわからないので、自分がこだわっている内容で友達を試しているのでしょう。前任校で担任した自閉症の男の子は、会う先生ごとに「チャリンコは？」を挨拶《あいさつ》代りにしていました。私は、道くんの一風《いっぷう》変わった表現の中に、個性や、時には才能のひらめきのようなものを感じました。

私たち教師は、こうした子どものこだわりを否定したり、矯正《きょうせい》しようと焦《あせ》ってはならないと思います。道くんのような自閉傾向を持つ子どもとの言葉のキャッチボールは、変化球で対応しなくては、と思います。道くんを肯定的にとらえつつ、違った視点で切り返すことによって、道くんの知的好奇心、向上心をかきたてる必要があると思うからです。道くんのこだわりの一つひとつは、成長の芽を含《ふく》んでいることを見逃してはならないと思います。

お母さんの話では、道くんは夢の中でも「むにゃむにゃ…はーい！」とはりきって勉強しているようだとのことです。

日記は3行以上書いていい？

文章を書くのが苦手らしい（？）道くんに、日記を書いてもらいました。

青空学級の一日の始まりは、みんなの日記を読みあったり、日記の書けない子は、お母さんからの連絡を見て、お家でがんばっていることを評価するのです。道くんのお母さんは、毎日、横について、学校の連絡帳をみたり、その日一日のことを思い出させるようにしながら書かせて下さいました。

今日は弁当をのこしました。
心がいっぱいでたべられませんでした。（4／27）

今日クラブでドラムをたたいた。
生まれて初めてだ。（4／30）

プールに行ってトランポリンをやった。（5／3）

電気屋で防滴液晶テレビがほしかった。（5／4）

ドラムを再びならしました。
あの時のように。（5／6）

ぼくはやきそばのおこげが
大好きです。鉄板をひっ
かいてとってたべます。（5／11）

お姉ちゃんのゆかた姿は
とってもよかったです。（5／31）

げたで通學したいよ。（古い學という字をかきます）
足が涼しいからです。（6／2）

さわらおろし大根
おいしかった。
ぼくは魚が好物だ（6／3）

クラブがなくなってさみしい。
心の中でがっくりした（6／7）

畑は雑草だらけだった。
手ぶくろが黒くなるまで
働いた。（6／8）

家中植物だらけになる

本が2冊もあります　(6/10)

道くんが書いた短い日記の一つ一つが、道くんの気持ちを凝縮《ぎょうしゅく》していて、価値あるものに思えました。小学校低学年用の日記帳でしたが、私は道くんの書き残した余白《よはく》を全部埋《う》めて、毎日赤ペンを走らせました。

ある時、教室で日記帳を返す時、私はふと気づいたのです。道くんが教室の隅《すみ》の方で、日記帳を開いて目を通している、そう、私の赤ペンを読んでいたのです。――やった、これでいける。私は、道くんへの私の感想を、これからも丁寧《ていねい》に書き込んでいこうと改めて思ったものです。お母さんも連絡帳に、

「日記の赤ペン先生の一言は、みちひこも必ずみています。」

と書いて下さっていて、力強く思いました。

毎日、日記を読んでは、朝の会の話題にしていましたので、同じ一年生の和也くんも、がんばって書いていました。日記の行数としては、道くんよりたくさん書いていました。私が「和也くん、すごいね、たくさん書いてきたね」などと声をかけていたので、道くんは、いつのまにかライバル心を燃やしていたのです。お家で「和也くんの方がたくさん書いている」などと話していたそうです。

日記の内容にもこだわりがあったようです。「日常茶飯事《さはんじ》は書かないよ」とか「あさおきてごはんを食べて歯をみがきました、じゃつまんないよね」などとお母さんに言っています。日

記の素材について彼なりに考えていたのです。一年生の宿泊訓練で奈良県立野外センターに行った時、同じ部屋の男子につねられたらしいのですが、「このことは書かないよ」と、友達をかばうところなど、一般の中学生と全く同じ感性です。

ある日、道くんは朝の会で突然言いました。

「日記は3行以上書いていい?」

それは、みんなへの宣言のようでありましたが、自分自身の決意を公けにしたものであったといえるでしょう。また、そのことによって、毎日、赤ペンで書いている私の反応を見ようとしていたのかもしれません。

今日はバケツがなかった
けどたのしい演奏会
だったよ、 感じないほど
小さく きんちょうした。(6/26)

卓球を第2青空
学級でやりました
レシーブがうまくいったとき
拍手がひびいた。 3回

ぐらいうまくいった。（6／29）

道くんの日記の行数は、このあと加速度的に増えて行き、九月には紙面いっぱいになって、私のための余白《よはく》は完全になくなりました。私は、上や下の欄外《らんがい》に赤ペンをいっぱい走らせることにしました。

教　材

七夕のねがいをみんなで書きました。道くんは、次の二つを書きました。

「楽譜がよめるようになりたい」「弟となかよくなりたい」

国語では、その後、谷川俊太郎「歩くうた」「空に小鳥がいなくなった日」、原田直友「はじめて小鳥がとんだとき」、川崎洋「とる」、門倉訣《さとし》「なくした名前」、高橋広幸「雨」などを一学期に学習しました。このいずれの作品の読みとりも、するどい感性と豊かな社会認識を感じさせるもので、一つ一つ紹介できないのが残念です。

谷川俊太郎さんの「空に小鳥がいなくなった日」を学習している最中に、ふと、道くんがつぶやきました。

「中学校のよみとりは、小学校のよみとりと比べてノンフィクション的だ」

なんとすばらしい表現。私は思わず脱帽《だつぼう》。そして、中学校での学習を前向きにとらえてくれていることをうれしく思いました。

また、高橋広幸さんの「雨」を学習している時のことです。

「このごろぼくは気がつかないうちに中学生らしくきたえられている」とつぶやいたのです。

——今まで自分はそんなにできないと思っていたの？

「少しだけ……」

——やっぱり、道くんには秘められた力があるんだよ。

道くんの生活感覚や社会認識・言語認識を総動員していけば、教材はむずかしくとも読みとれたのです。

小学校の学習で、漢字の練習をしなかったこと、質問に答えなかったこと、朗読のときは早口で読んでしまったこと、それはなぜなのか。そのとき扱った教材が道くんの発達段階に合わなかったのではないのか、と思うのです。外から見えるほど、道くんはわかっていないのではなかったのです。それから教材の必然性。問題集によく、どこからとったのかわからない小文がのっていて、問いに答えよというのがあります。読みとりのための読みとり文であって、それには、文学性も、未知のものを学習する楽しさもなかったのではないか、と思えるのです。

ここに障害児教育をめぐる一つの課題があるように思います。教材は、やさしければよいのではない、ということです。そして大切なことは、幅《はば》広く、たとえ脱線することがあっても、生活と結びつけ、楽しく読み合ってゆくことだと思いました。

本番に強い道くん

夏休みの平和登校日にむけて、六中では社会科や国語科でも平和学習を取り入れています。道くんと寛史くんの国語グループの教材に、門倉訣さんの「なくした名前」をとりあげました。ジャングルの中で、腕をなくし足をなくして死体のままでころがっている兵士のくやしさと平和への願いを詩《うた》ったものです。

——どうして名前をなくして、と言っているの？

「自分以外だれもいないから名前を呼んでもらえない。みんなから忘れられてしまった」

——二十歳のままで、にこめられている思いは？

「短い一生でくやしかった」

——もうすぐおれはあるいていこう、かならずおれはあるいていこう、は何をしようとしているの？

「なくした名前をさがしにいくため」

——死体のままで平和を語り、とはどういうことなの？

「未来に向けて平和を語り続けたい」

一つの質問に何十分もかかったこともありますが、少しずつ確実に読みとってくれました。戦争に対する実感がやや乏《とぼ》しく、戦争の原因についても、よくわかっていなかったこともあったので、太平洋戦争の写真集などを見せました。写真をみるとき、「半目で見ていい？」と言ったのですが、実際は、かなり残酷《ざんこく》な写真もしっかり正視《せいし》していました。私が「しっかり見ていたね。目をそらさないで」と言うと、「心の中で目をそらしていたよ」と言いました。「でも、真実を知る必要があるから見たのでしょう?」というと「ハイ」。

——お母さんに、見せる?

「母には見せられないよ」

ときっぱり言いきった道くんが、なぜか頼もしく思えました。

私は、この詩を全校生徒の前で、一年生の発表の中に入れて、道くんに朗読してもらおうと考えました。お母さんはびっくりされました。小学校の時は、クラスの子どもたちの前でも朗読したことがないのに、「全校生徒の前で!?」と。

夏休みに入って、一年生の平和学習実行委員による練習が始まりました。詩の朗読や、アンケートでとった戦争についての子どもたちの考え、国連にむけてインターネットで送った平和のメッセージなどが内容です。

道くんは、授業ではあんなに上手に、めりはりをつけて大きな声で読めたのですが、練習は、とんとダメでした。自分の出番になっても、舞台の横の黒い幕に隠れたり、床に座り込んだり、みんなになだめられてマイクの前に立つと、あっという早口で読んでしまったり、「ドーシーテーオーレーハー」とのばして読んだりで、真面目《まじめ》にやらないのです。それは、次の日も、また、次の日も続きました。〝あーだめだ〟と、内心、私は絶望的でした。お母さんに電話をしていろいろ話し合ってみても、お母さんも「先生が横にいて下さるか何かすれば……」と言われるばかりです。

とうとう本番の当日が来てしまいました。早朝のリハーサルの時、私は、「道くん、これでちゃんと読めないと、もう練習はないのよ」と、思わずプレッシャーをかけてしまいました。リハーサルが始まりました。そして道くんの番です。ところがなんと、緊張した面持《おもも》ちながら、しっかり顔を上げて、道くんは読み始めたのです。——やったあ！

本番でも、上手《じょうず》に読めました。最終行の「死体のままで平和を語り」のところでは、絶叫《ぜっきょう》に近い大きな声を出していました。大きな拍手が湧《わ》きました。この道くんの朗読のことが、いとこたちを通じて親戚《しんせき》中に広まり、夏休みには、みんなからほめられたということです。

これ以来、教師たちは「本番に強い道くん」という称号《しょうごう》を贈ることになったのです。

苦手な音楽の授業。声は小さいのですが、小学校の時のように歌詞を変えて歌うことはありません。音楽の時間には、動作《どうさ》のついた歌遊びや、手話つきの歌を必ず取り入れていました。そのときには、たとえ道くんが歌っていなくても、知らないふりをして進めました。口は動いていなくても、道くんの手は必ず動いていたからです。

「幸せなら手をたたこう」は楽しい曲です。これをいろいろ代えて「肩たたこう」「ジャンプしよう」「笑いましょ」「くすぐりましょう」などとしたのですが、道くんは「固まりましょう」と言ったので、思わず私も乗ってしまって、おもしろい格好《かっこう》をして、固まってみせたりしました。道くんも、固まっています。

ある時、松野先生の発案で「大きな栗《くり》の木の下で」の曲を、最初はゆっくり、徐々《じょじょ》にスピードをあげて、歌いながら動作をしていくと、早くなるにしたがって、道くんの目がらんらんと輝き、笑い声や、「ワァーできない」などの声となり、とても喜んで参加しました。それで、この二曲は常に歌う曲となりました。ほかの子どもたちも大変喜んでくれました。

体育大会

中学校での初めての体育大会。色別に分かれて行なわれる応援合戦《おうえんがっせん》に、青空の子どもたちがどう参加できるかは、毎年、教師たちの悩みの種でした。

道くんは赤組です。赤と白が表裏《おもてうら》になっている両端に握《にぎ》り棒《ぼう》のついた布を、裏返したり、表にもどしたりして、応援団長のかけ声のもと、赤組全体で模様《もよう》や文字をつくって応援します。二〇パート以上ある裏表《うらおもて》の順を覚えるのが大変で、毎日、夏の名残《なご》りの炎天下《えんてんか》、約二時間、生徒も教師もバテそうになりながら練習します。道くん用のカンニングペーパーをつくり、みんなに合うように私自身も赤・白の布をもって、道くんの前で、必死に道くん用の色を出していました。そのころのお母さんの連絡帳です。

「　9／28　暑い中の応援練習は、たいへんそうですが、気に入っているのか、どのようなやり方なのか、くわしく、それはよくわかるように私に話してくれました。

赤チームなので、電光掲示板のようにやることも、生まれてこのかた、こんなによくわかるように説明できたのは、はじめて!!　「はなしたい」と思う体験があればこそです。でも、それを文字にするのはむずかしいので、日記は、ほんの一部をかきました。」

道くんのやる気と自信が伝わってきました。そしてクラス担任の湯瀬先生の努力もあって、当日は「本番に強い道くん」らしく、立派に赤組の一員として、やりとげたのでした。

競技では百メートル走に出ました。お母さんによると、

「一〇〇m走は、うまくカーブを曲れました。小学校のときは（トラックの）カーブがきついためか直角に走ってみたり、6年のときはスピードを半分以下におとしてコースからはずれないようにしていました。中学のトラックは、急カーブでないためか、スピードもおとさずに走れました。

すかさず、同じクラスのHさん（お母さん）が「うまく走ってるね」と小学校の頃とくらべて、ほめてくれました。

応援の旗はバッチリでした。

すばらしい!! 他がどんなによくても、我が子しか見てない私でした。」

十月の終わりころ、青空の畑で草抜きをしていた時のことです。道くんは、ほとんどおしゃべりをせず、せっせと抜いてがんばっていました。そのとき突然、寛史くんがワッと叫んだのです。道くんは、「手伝ってほしいの?」と言って、寛史くんのそばへ行きました。寛史くんの言いたいこと、言葉を聞きとろうとしています。

「どうしたら、ひろしくんの言うことわかるの? 状況を見ているとわかるの?」

と、すごい表現をしました。私は「そうですよ」とさりげなく答えました。

中学一年生の国語の教科書に「空中ブランコ乗りのキキ」という教材がありました。一学期

からずっと詩の読みとりをやってきたので、読み物も取り入れることにしました。こういう教材は、長いので、読みとりにたいへん時間がかかります。でも、寛史くんと道くんなら大丈夫だと思いました。

「つぼんで」という言葉がわからなかったので、絵をかいてもらうと、宙《ちゅう》がえりのとき身体を丸める絵をかいたので、「それだよ、それでいいよ」と言いました。また、「口をつぐんで」というのも「はじめてだよ」と言うので、「どんな口?」と聞くと、自分で口をつぐんでくれました。つまり、言葉がわかっていないのではなく、表現のしかたがすぐ出てこないだけで、絵や動作でちゃんと表わせるのです。

キキが空中ブランコをするために天井《てんじょう》まで続く梯子《はしご》をのぼっていくとき、「白いたましい」のように見えたという箇所《かしょ》があったのですが、それはなぜかと質問すると、

「すげえ、きつい」と書きました。

「なにがきついの? キキが? お客さんが?」と、私はわざとたずねたのですが、

「どう表現していいかわからない、この読みとりは、ぼくにとってきつい」

ということでした。このように、一つ一つの教材を読みとるのに、道くんは全エネルギーを投入していたことがわかります。

点検係

「仲よし卓球大会」が近づいていました。道くんは、ほかの三人の生徒と比べて、青空で受

ける授業が四時間少なかったので（社会科は原学級のクラスで受けていました）、卓球の練習をする時間が少なく、なかなか集中的に練習できません。卓球部の和也くんがメキメキ上達しているので負けてしまいます。「ぼくは勝ち負けにこだわらないよ」が口ぐせでした。でも、道くんには、自分自身でも上達したいという焦《あせ》りがあったと思うのです。

十月三〇日の練習のときです。いつもより足もよく動き、ラリーが七〜八回は続くようになって、上達の可能性が感じられました。そのとき、道くんが、

「ピン球が台から落ちたら、台のまわりがプールで、水にはまると考えたら、どう？」

と、いいヒントを言ってくれたのです。すごい発想。道くんありがとう。そこで、それ以来、ピン球が台から外へ出るごとに「ポッチャン」などと言いながらやりました。効果てきめん、水にはまるのがいやで、ミスはすっかり減りました。

十一月の青空教室の清掃。道くんは、掃除機の担当です。目で見て隅々《すみずみ》までするということに、まだ慣れていません。それで、「絵の具を塗るように、全部やるのよ」（こういう言い方は道くんの影響です）というと、意味がわかってくれたのか、しっかりやっています。また、意識してもらうために「そこは道にまかせたよ」と声をかけて、私がわざと別のところをしながら横目で見ると、一人でなかなかよくやっています。

道くんの心の成長を感じさせる出来事《できごと》がありました。

青空では、毎朝、忘れもの点検《てんけん》をしています。連絡帳とティッシュとハンカチが主なものです。本意ではないのですが、どうしても忘れてくる子がいるので、やっています。この点検係

は、ハキハキと明るくものが言える和也くんです。

「Iちゃん、ハンカチ、ティッシュは？」

と聞かれたIちゃんは、黙《だま》ってしまい、すっかり固まってしまいました。いつまでたっても返事はしません。自分で言えるように取り組んでいるのですが、三分ぐらい沈黙《ちんもく》が続いていました。すると、それを破るように道くんが、つと立ち上がりました。どうするのか見ていると、Iちゃんのところへ行き、Iちゃんの手をもって、手を上げさせてくれたのです。〝忘れました〟と。

道くんが青空の仲間で、最初に関心を持ったのは寛史くんです。それは、言葉ではなく、筆談で教師と話しているのを見たからです。寛史くんを「センパイ、センパイ」と呼び、尊敬するようになりました。けれどもIちゃんに関わっていったことはなかったので、道くんのこの日の行動に私は感激しました。

ある音楽の時間。いつのまにか、しっかりと男らしい声で歌うようになっている道くんの姿を発見しました。照れで口をつぐんでしまってはと、ほめることはひかえ、見守っていました。「山の音楽家」の歌では「上手にタイコ」をたたいてくれました。「手をつなごう」の歌では、それまでは、つなげなかったIちゃんの手をつなごうとしているのです。Iちゃんが「アレ？」と、一瞬《いっしゅん》、躊躇《ちゅうちょ》するぐらいでした。

意欲

道くんは卓球が好きになったのか、ラケットを買い、家の食卓で家族と練習を始めました。自分から体育の教科書を開いて、卓球のページを見ているということです。

道くんの日記からです。

「11月21日　きのうは卓球の試合をしました。ぼくは母さんに負けました。それは母さんが勝ち負けにこだわっているからです。

11月23日　夕方卓球をしました。弟が笑ったり、笑かしたりするので失敗しました。

11月26日　今日は卓球大会でした。リーグ戦では四人とも三位でした。午後のトーナメントでは、ぼくは、先輩と戦って勝って、よその学校に負けました。勝っても負けても、精一杯がんばりました。

11月27日　今日はスポーツセンターにいって卓球をしました。

母さんといっしょにやったら順調だったけど、父さんとやったらメチャクチャだった。

11月28日　今日はマツザカヤの大きな本屋で卓球の本を見つけました。ほしかったんだけど買ってもらえませんでした。」

卓球を通じて、家族との交流が深まっている様子がよくわかります。また、強くなるために研究しようとする道くんの意欲も伝わってきます。とうとう中西家では、「卓球台がほしい！」という声が、子どもたちから出てきたというのです。

卓球大会で三勝したことが自信につながったらしく、道くんは、その後も上達を続けました。私が少し早くてとりにくいサーブをしても、上手なレシーブで打ち返してきます。

お母さんがこう言われました。

「小学校の時は、どんなスポーツもダメ、とりわけ球技は、手と足がバラバラでダメでした。卓球がこんなにできるようになるとは思わなかった」

卓球ができるようになることで、今までになかった自己肯定感が道くんの中に芽ばえていったのではないかと思います。お母さんの連絡帳からです。

「　12／10　夕食後、みちひこの方から〝卓球しよう〟と誘ってくれました。人を誘うということは、けっこうみちひこにとってはすごいことです。心から上達したいという思いがあり、かなり本気ということだと思います。カットサーブもやりたがったり、もっともっといろいろ教えてほしそうです。

　さそわれて食卓の上でやりましたが、けっこう、うまい！です。いつ上達したんだろ……。集中力がついたのかよくわからないですが、家でやったといっても4回ほどしかやっていません。

　意欲がもてるって、これほど上達できるんですね。とうとう、私が負けるほどになってきました。」

中西家では、この後、とうとう、卓球台を購入《こうにゅう》するはめに陥《おちい》ったそうです。

目がこわれた

中学生活での道くんの成長には目を見張るものがありました。しかし一方で、独得のこだわりの言動や、一方的な会話が、同じクラスや、一年生の生徒たちに、なかなか受け入れられず、ぎくしゃくした事件が時として起こりました。

今日はプールで足をひっぱられて
こけました。
気付けば、みんなの顔がぐんじょう色、キャップは水色、
2年生のくつは青むらさき、3年生のくつは桃色にみえま
した。
みんなの歯が黒かった。
目がこわれたから。

七月のある日の道くんの日記です。道くんらしい感性で書いた鋭《するど》い文です。私は思わずブルッときてしまいました。車椅子に乗っているとか、言葉が話せないとかのハンディのある子どもへの理解は、周囲の子どもたちに求めやすいのですが、道くんは見たところ体力もあるし、障害が見えない面もあり、ただ生意気《なまいき》とか、ヘンなヤツと見られやすいのです。

乳幼児期

お母さんに道くんの生いたちを書いていただきました。それを教材としながら青空の生徒への理解をしてもらうための学習計画をたてることにしました。

お母さんは道くんの発達を順を追って、詳しく書いて下さいました。その中から抜粋《ばっすい》して紹介します。

＊

●生後2日　視線は、まっすぐ天井《てんじょう》に向いていて、姉とくらべ、やや存在を訴える力が弱い感じ。

●生後2カ月　たて抱きにすると弓のようにそっくり返ってしまい、天井か、本人の背後を見る状態であった。

（目があわない）抱きにくい。天井ばかりみている。自分の近くに母親がいるのを知らないかのようである。名前を呼んでも、おはようと言っても反応なし。

●生後7～8カ月　「おはよう！」と声をかけ、顔をのぞくと目をそらし横をむいてしまう。何度やっても同じ。

ハイハイは始めるや、人のいないところへ行ってしまう。

●生後9～10カ月　ハイハイが下手で、手も足も交互に前には出ない。喃語《なんご》もなく、バイバイなどのまねもできない。

●10カ月検診　様子がおかしいと母親が訴えているのに、まだ幼いからなんとも言えないという保健婦さんのこたえ。

親の訴え：視線があわない。指さししない。後追いしない。人を避ける。まねをしない。親に面とむかって言うとショックを受けると思っているのか、自閉症とはだれも判定してくれない。

●1歳2カ月　パパ、ブーブー、ワンワンなど言うが、独り言《ひとりごと》的で、ことばの中に感動（！）が込められていない。少しも、ことばがふえていかない。どちらかというと、減っていき、なにも言わなくなっていく。

何をめざし、何が目的で動いているのかよくわからない。

●1歳4カ月　始歩　母親から離れても不安にならず、一人で歩き出す。

砂や、じゃり、回るもの（丸いお皿、ボール、コイン、扇風機など）ばかりが大好き。

●1歳6カ月　検診で、言葉の遅れ、社会性のおくれでひっかかる。

呼んでもふりむかない。目をそらす。

かってなところへ一人で行ってしまう。

ことばの意味を理解しにくい。（例、くつとあしを混同しているときもあった）

●1歳9カ月　児童相談所へ　判定は、自閉症ではないが「一生、傾向はつづく」といわれる。（ショックを与えないように言ったのか）

結論は、自閉傾向の子である。「どんぐりころころ」という母親の会で、テレビを消してごらんとアドバイスをうける。

●2歳頃　60くらい単語は言っていたが要求語がない。○○ほしい、○○ちょうだい、を言わない。ほしいものを指さしもしない。身体が、ほしいものの方へのり出すだけであった。パズルボックスに○△□☆123……などの型をはめるあそびがとくい。絵本のパラパラめくり。水あそび（水道のじゃ口から流れおちる感触をたのしんでいる）。砂をつかんでサラサラと指の間からおとす。なんでも回す（自動車のタイヤ、皿、ボール、コインなど）。

●2歳3カ月　絵本の読みきかせを本格的にはじめる。　目を見て「ひろい　うちゅうにぽっかり」と絵本の文を言えた。本の場面と現実の場面で一致していることがわかり、使えることもわかる。
どの本がいいのか、よくわからずに、手あたりしだいに読みきかせる。おそらく、意味はわからないことも多かったと思うが母親の声をきき、ひざにのせられて、スキンシップの役割は大きかったと思う。

多動で、買い物に行っても、お金を払う間に走ってしまい見失いそうになる。両足の間に本人をはさんで、お金を払っていた。

日常生活は、必ず、視野の中に入れておかないと、いなくなってしまう危険を感じていた。

●2歳9カ月　通園施設　悲田院へ　　通園をいやがるが、とにかく、力ずくでもバスに送りこむ毎日。どろあそびが好きなら一日3回、どろ、入浴をくりかえす。水あそびがすきなら、寒い季節でさえ、流しでする。寒い日でも、外で雨が降っていれば、畑のどろんこをさわりに行ってずぶぬれ。流し台の排水口をふさいで、床に水が流れ出て大洪水《こうずい》。道彦の目をさまして起きている間は、なるべく家事をしないで、部屋のまん中にすわり、甘えてきたいときは、甘えられるように、危険なことは防げるように、何か発見して驚きをもったと思えるときは、いっしょに喜び、驚き、声をかけてあげるようにする。この間も、なるべく絵本を読みつづける。

●3歳頃　あそびでも、身近のことでも、拒絶が強くて、なんでも「イヤ！」の一言で、こちらからの働きかけを受け付けようとしない。

「拒絶はいつかなくなります」とケースワーカーに言われるが、どのような対応をしたらよいのか具体的なアドバイスがなく、もどかしい日々……。

いつも一人あそびで、人に背をむけているのに、近所のわんぱくな男の子が家に来た時、男の子たちが遊んでいる時は、知らん顔していたのに、帰る時、母親の足にしがみついてさびしそうにじーっと見送っていた。行動では示せないが、心の中は、じゅうぶんにあそびたいと思っている。

●3歳後半～4歳頃　2語文になってきた。色もわかる。ボタンかけができないので、3・5（センチ）径ぐらいの大きいもので毎日練習。

パンツ、半ズボンには、必ず「前」のめじるしに大きいボタンを、おへそのところにくるようにぬいつけた。

●4歳後半　保育所へ　言語があるわりに、なんにも身辺のことができないので「お母さんはいやがることは、なんにもさせないんでしょ」といわれてしまう。洗面も洗面所へ引っぱっていき、両手に水をためて、顔へつけることを強引にさせ続けることになる。いやがって、ねそべる、あばれるなどするが、耳を引っぱってでも力ずくでやらせていくことになってしまう。

●4〜5歳　保育所で、歩きの保育で、大泉緑地まで歩かせられたりしているうちに、身体がしっかりし、指先まで、神経が通ってきたという感じがする。身体を使う大切さを痛感する。

信号は青でわたることを教える。視線が、はるか上にある信号のランプをさがせないので、顔を上向きにさせて見せてやる。手を離し、一人歩きになってからは「車だよ」と言って注意させる。

●4歳頃　絵（ぐるぐるかき）を好んでしたので、大きなポスター、マジックを用意し、筆圧もなく自由にのびのびできるようにさせた。姉が1年生で「あいうえお」を学習する時、道彦も自力で自己流の書き方で覚える。

●6〜7歳　大好きな友達のなかへも、放課後とびこんでいった。秋の体育大会後から拒否がうすらいできた。（参加できた自信が意欲を出させたのか……）

●小学1年〜2年　金剛山、かつらぎ山、長距離サイクリングで身体を鍛《きた》えた。苦しい息の後の達成感は、がんばったらできるという気持ちにつながっていくだろう。

＊

このお母さんのねばり強く、意識的な働きかけがあったので、いまの道くんの土台を育《はぐく》むことができたのだと思うのです。自閉傾向のある子どもさんに、乳幼児期からどう接していけばいいのか、大いに参考になるのではないかと思います。

ぼくについての学習

いよいよ学習が始まりました。学年集会で私が青空学級の子どもたちのことを話し、各学級では道くんのお母さんの手記を使って学習します。その日、お母さんは連絡帳に、

「今日の6時間目は学年集会で、みちひこについてらしいのですが、本人はどこにいるのかなあ……。自分のこと、みんなのまえでさらけ出して話し合われるのって、はずかしいと思うのですが……

できれば、青空にいてほしいと思うのですが、本人は、どんな気持ちか、きいてやっていただけませんか？」

と書いておられました。さっそく、その日、国語の時間があったので、道くんのお母さんの手記を、道くんといっしょに読んで学習することにしました。自分のことを書いた文がみんなに配られるのは、道くんにとってきついと思ったのです。

学習中、道くんはいろいろな反応をしていました。途中で「今は、こんなことないよ」など

と言うので、私は、「そうだね、道くんは、ずいぶん成長したものね。この調子でいくと、道くんは、自閉症を克服《こくふく》できそうだね」と答え、続けて、

「ところで道くん、今日、クラスで、このお母さんの手記を学習するんだけど、道くんはどうする？　クラスでみんなといっしょにやる？　それとも、青空にいる？」と聞きました。

道くんは上気した顔で、「クラスでみんなといっしょにやる」ときっぱり答えました。道くんはその時「先輩（寛史くん）の子どものころの文がみたいよ」とも言いました。

その日、家に帰ってのことをお母さんはこう書いて下さいました。

「自分のことが話題になっても、あまりイヤじゃないみたいですね。家でも学校のつづきの話をしたり、日記にも書いていたので、これからはどんな人になりたいのかきいてみると「仕事をさぼらない人」だそうです。これをきいた私は、どんなにうれしかったか……。ただ、「湯瀬先生が障害……っていってたけど、ぼくは障害児？」ときくので「お母さんは、そう思ってないよ」と言っておきました。」

その日の道くんの日記です。

「今日は、6時間目に、ぼくについての話をしました。幼少期とくらべて、すごく成長したということに気が付きました。将来は仕事をさぼらない人になることです。」

湯瀬先生に聞きますと、クラスでお母さんの手記を学習したとき、途中でクラスが騒々《そうぞう》しくなった時があったそうです。その時、道くんが、

「ぼくのことを学習しているんだ、黙って聞けよ!!」と叫んだというのです。

その学習のあと道くんは、クラスのある男子に「もういやなこといわないでね」と自分から話しかけていったそうです。その日のホームルームでは、道くんは今まで書かなかったクラスの連絡帳に、先生からの連絡を、はじめて、自分で書いたそうです。

翌日の青空の朝の会の時、私は、私の身体障害者手帳をみんなに見せました。「これ何？」と聞きますと、道くんは正確に答えました。「なんで、これ持ってきたかわかる？」今度は、「ウーン」と言っているので、「じゃ、寛史くんに聞いてみようか？」と言って、寛史くんと筆談しました。寛史くんは、「みちくんが（障害に）こだわっていたから」と書きました。そのあとの道くんとの会話です。

――三浦先生は障害者？「そのようにも見えるかな？」

――心も障害者？「そんなことない」

――先生は子どものころビッコといっていじめられたけど、負けなかったよ。道くんも男の子に言いかえしたように、堂々と生きてね。

お母さんの手記にあった「悲田院」に道くんが行きたそうだったので、お母さんがドライブがてら連れていくと、「なつかしーい!!」「なつかしーい!!」の連発だったそうです。悲田院へ行くことによって道くんは、過去の自分とスッキリ、訣別《けつべつ》したのでしょう。

ちょうどお母さんの手記を学習している時期でしたが、道くんは、家へ帰ると脱《ぬ》いだ制服をあっちへポイ、ウィンドブレーカーはこっちへポイという状態だと、お母さんが嘆《なげ》いていたことがありました。ある日、私は、「あー暑い」と言って着ていた上着を、ポイと道くんの前で放って、「道くんは、お家でこうなの？」とさりげなく言ってみました。その日、道くんは帰宅すると、お母さんが何も言わないのに、制服とウィンドブレーカーをハンガーにかけたそうです。そして、この日以来、ポイすることはなくなりました。

青空がぼくはめちゃすきだ

その後、青空の授業を一年生の全クラスの生徒に見てもらいました。学習のまとめとして、生徒に書いてもらった作文の一つを紹介します。

「道くんは、じへい症にもなってるのにすごくがんばって、せいちょうして、とてもすごいとおもう。青空では先生に道くんがあてられたらすぐ言葉をいいかえす。めっちゃえらいと思った。青空ではみんなが明るいしやさしいから、このクラスも青空にまけないぐらいがんばろうと思う。かずや君は1組の教室ではあんまりしゃべらないのに、大きい声でプリントをすらすらよんでいて僕よりうまいとおもった。（中略）こんなに青空はがんばっているのに、ぼくらのクラスはちゃんとやってない。だから青空の人たちにみっともないところをみせている。だからもっとがんばろうと思う。

青空の人たちはすこしずつすこしずつ成長していってると僕はおもっている。それとやさしいぬくもりがぼくたちにこみあげてくる。そんな青空がぼくはめちゃすきだ。」

（一年　R・I）

勇気

道くんにピッタリと思える教材をみつけました。一年生の国語の教科書にある詩です。

——けっとばされてきたものって？

「ボール」

——ほかの意味もあると思うよ。

「悪口、いじめ」

——暴力はないの？

「ある。ようご、ようごいうから、今度バカにしたらしょうちしないから」

——すごい、それがけっとばすことだよ。

友達の手をさわろうとしたんだけど、さわってくれないのはなぜ？

（ちょっと考えて）

「そうだ、心が通じ合っていないからだ」

——そうだね、でも照れている時もあるのでは？　青空で、和也くんや道くんが、寛

サッカーによせて

谷川　俊太郎

けっとばされてきたものは
けり返せばいいのだ

ける一瞬《いっしゅん》に
きみが自分にたしかめるもの
ける一瞬に
きみが誰《だれ》かにゆだねるもの
それはすでに言葉ではない

泥《どろ》にまみれろ
汗《あせ》にまみれろ

そこにしか
憎《にく》しみが愛へと変わる奇跡《きせき》はない
一瞬が歴史へとつながる奇跡はない
からだがからだとぶつかりあい
大地が空とまざりあう
そこでしか
ほんとの心は育たない

希望はいつも
泥まみれなものだ
希望はいつも
汗まみれなものだ
そのはずむ力を失わぬために

けっとばされてきたものは
力いっぱいけり返せ

史くんの手をさわっているのは、言葉のかわりになっているけど、クラスではあまりそんなことしないから、恥ずかしいのを、きしょいと言っているのかも。言葉で話しかけたら？

「何曜日が好きってきくと、うるさいという子がいるよ」

——答えてくれた子は？

「三、四人いる」

——女子？

「女子も男子も」

——そういう子、いい子だね。けるー瞬に、きみが自分にたしかめるもの、とは？

「言い返しながら、自分をはげましている」

——けるー瞬に、きみが誰かにゆだねるもの、とは？

「もうやめてという気持ちゃ、意志を伝え

る」

――それは、すでに言葉ではない、とは？

「心または感情」

――泥にまみれろ、とはどういうことですか。

「負けないで相手にぶつかっていけ」

――汗にまみれろとは？

「必死にぶつかれ」

――憎しみが愛へと変わる奇跡《きせき》とは？

「いやな相手に対し、友情が生まれる奇跡」

（中略）

――そこでしかほんとの心は育たない、のそことはどこですか。

「全てのことからにげないでぶつかっていくこと」

――そのはずむ力を失わぬために、のそのは何をさしているのか。

「自分の」

このころ学年では、障害児に対してだけではなく、全体として小暴力がはびこっていました。そこで生徒会として暴力追放の取り組みを行ない、クラス討議のあと、学年集会で暴力追放宣言をしていました。

ある国語の時間、道くんが、「きのう学活の時に、けんかしている子がいたので、とめたら、けりかえされた」と言いました。「どうしてそんな勇気だせたの」と聞くと、その時、学年の暴力追放宣言をはっと思い出し、とめたというのです。それまでの自分だったら負けていた、あの宣言でピンときて勇気を出せた、とのことでした。私は、「けりかえされたこと、ホームルームで問題にしなさい、勇気出して。できるかなー」と言いました。道くんは、その後のホームルームで本当に、けられたことを手をあげて発言したそうです。

自分の身の周りでおこっている出来事とだぶらせ、また、その中でどう生きるかを考えながら、すばらしい読みとりをしてくれたのです。道くんは、自分のカラを破って大きく成長しつつありました。

テスト

この読みとりの学習をしたあとのある日、道くんは家で、「国語のテスト、クラスでやってみたい」とお母さんに言い、「じゃあやってみる?」とお母さんが言うと、「どきどきするよ」と言ったそうです。

道くんは、社会科はクラス（原学級）で授業を受けていたので、テストもクラスで受けていました。テスト範囲《はんい》のプリントや教科書を見ながら、お姉ちゃんやお母さんの涙ぐましい特訓を受けて、なかなかの点数をとっていました。私も本来は社会科の教師なので、放課後の一年生の社会科の補習を手伝っていましたが、その時は、道くんを教室の一番前の席に座らせていました。

国語も同じテストを受けるのであれば、漢字も覚えなくては、ということで、毎日、漢字練習ノートに、私が赤ペンで、練習する宿題の漢字を書いてあげることにしました。

これは私が知らなかったことなのですが、お母さんの話では、漢字を練習で何回も書くことには拒否が強く、小学校一年生から、ほとんどやったことがないというのです。そういえば道くんは、むずかしい漢字も書けるのですが、筆順はめちゃくちゃなことを思い出しました。ところがこの宿題の漢字は、ほとんど自分の集中力だけでやれたというのです。

漢字のための漢字練習という、目的の見えない記号を何回も書くことは、道くんには苦痛《くつう》だったのです。けれどもいま、道くんは、一般学級のテストをクラスのみんなといっしょに受けようとしているのです。また、その内容は自分自身がしっかり読みとっているものです。道くんにとっては必要な漢字練習であったわけです。道くんの漢字練習帳には、大人でもむずかしい漢字がいっぱいです。

漢字の宿題をやりながら、道くんがお母さんに言ったそうです。

「ボクの小さい頃、苦労させたね。やりにくい子で」

「うん、でもね、今、やりやすいからいいよ」とお母さんは答えました。

お母さんの手記で、自分の幼い頃のことを学び、自分の障害を見つめるなかで、いつのまにか自分自身を客観的に見られるようになっていた道くん。すばらしい発言です。

日ごろめったに見ないのですが、ある日、お父さんが日記の字を見て、きれいに書けていると、驚かれたようです。このころになると、道くんの日記は、毎日丁寧《ていねい》な字で、ギッシリと埋《う》められています。内容もしっかりしています。

センパイのように

ある朝の会で、みんなの日記や連絡帳を読んでいる時、道くんが、ふとつぶやきました。「ボクもセンパイのように男らしくかっこよくなれるかな」

私が「あと少しで寛史くんとIちゃん卒業ね」と言うと、「さみしくなったらぼくの家にくるといいよ」と言っていました。みんなのことを考えられる道くん。何よりも会話が、いつのまにか、一方的なものではなくなってきています。

手塚治虫さんの「この小さな地球の上で」という読み物の学習をしていた時のことです。プレ・インカ時代に描かれたナスカの地上絵や、絶海の孤島《ことう》イースター島に立っている千体もの石の巨人像についての記述が出てきます。読みとりの最初の問いのあたりで道くんがボンヤリしていると、となりの席の寛史くんが「ウー」というので、「どうしたの?」と筆談してみると、「道くんしっかり勉強して下さい」と書きました。

寛史くんは、道くんの集中力のなさを見破っていたのです。道くんは、先輩に言われて、しまったと思ったのか、がぜん、やる気を出して取り組み出しました。そのあとは内容の読みとりもしっかりでき、きっちりした字で書いていました。そのあまりの変化に教師がおどろいたほどです。学習の最後に寛史くんが、また、「ウー」というので、「なに?」と聞くと、今度は、「道君、がんばったね」と書きました。

尊敬する先輩の一言《ひとこと》は、道くんにとって大きな力でした。先輩もまた、道くんのがんばりを認めてくれたのでした。お母さんも、この話を知ってとても感動されました。

寛史くんやIちゃんにとっては大切な思い出になるアルバム作りで、表紙の絵をそれぞれ好きな本や絵の中から選びましたが、道くんは、物さしで細かい線をひいていきます。市松《いちまつ》もようを描くというのです。とても、うすい線で書きます。私が「見えないよ」と言うと、「眼内レンズ入れたら」とからかいます。「先生は、まだそこまでいっていないよ」などと言いあっている間も、集中して線をひいていきます。

ぬいぐるみ作りも、他の生徒は、動物のぬいぐるみなのに、道くんだけは、虫捕りカゴを持ってゆかたを着た男の子の人形、というむずかしいのを選んでいます。

教師も、初めてぬいぐるみを作った人が多いので、道くんの人形には苦労していました。型をとったフェルトを二枚重ねで縫《ぬ》っていきます。道くんは、細かく細かく縫うので、その縫い目が見えないぐらいです。

このように、何ごとにもひたむきな道くんです。

卓球をしていた時のことです。その日は、道くんこだわりのカット性サーブの練習をしていました。和也くんのように、かっこよくサーブをしたいのです。寛史くんとやっていたのですが、センパイが、「これはいける」と言っているのを聞いたと言って、私たちを驚かせました。道くんには、センパイの心の声が聞こえたのでしょうか。いや、寛史くんも真剣に卓球をやっていて、思わずほんとうに声になって出たのかもしれません。道くんは、家でも、壁打ちをし

1月29日 土曜日

今日は、中国帰国生の話をききました。帰国生のみなさん大変だっただろうかなと思いました。言葉がおぼえられなかったから苦労したなと思いました。中には日本語ペラペラの人もいました。 道くんは、この問題を本気で聞いてくれたんだなと思います。これから いろんなことに道くんがぶつかっていくと思うけどこの学習が いつか 道くんに 生きてくることがあると思いますよ。

↗ かなりいい線いけるよ!!

2月10日

今日は、卓球でかずやくんにもう少しで勝ちそうになりました。それでおしいと思いました。後は、スマッシュとサーブをおぼえておきたいです。点数は15-12でした。愛用のラケットに新デザインを追加する予定です。

ほんとうにおしかった。卓球は頭をつかうゲームです。道くんは、そのうち作戦(頭脳)で

このころの道君の日記

て、カットサーブの練習をしていたそうです。

市の発表会「なかよしのつどい」が近づいていました。六中は、詩の朗読と歌をうたうことにしていました。谷川俊太郎さんの詩「歩くうた」を、道くんと和也くんの二人で朗読、歌は「切手のないおくりもの」「おくりもの」「手をつなごう」を手話を入れて歌います。歌の練習の時、道くんは、手話だけではなく、いつのまにか声もしっかり出して歌っていました。詩の朗読は、もちろん、抜群のうまさです。

ぼくは自閉症を克服したんだ!!

いよいよ、「なかよしのつどい」の当日です。子どもたちが緊張しないか、教師にとっては、それが一番心配でした。お母さんの連絡帳の文章です。

「 2／25㈮ 昨日は、ほんとうにありがとうございました。小一～小六まで、ほとんど歌声をきいたことがありませんでした。……と思うと、あの低音の声は、みちひこの声なんだ！……と感動しました。目もウルウルになってしまって……。

それに詩の朗読も、送ることばも堂々としていました。

隣にいた三中のお母さんも、自信をもってやっていると言って下さいました。みちひこはもちろん、他の三人も!!です。

今から一年前、同じステージで、ウロウロしたりハネていた道彦なのに、みんな、とっても、ぴしっとしていて態度もよかったです。それに、〝るぅ～〟のかけ声は、六中ならではの若さとファイトがありました。」

〃ルウ〃のかけ声は、松野先生の発案です。〃カレーのきめてはルウ、ルウ、ルウ、ルウ〃と言って足をあげ、手でガッツポーズをとります。

一時間目が音楽の授業の日のことですが、私は、朝の会をしてから、授業に入るつもりで教室に行きました。すると道くんが、社会科の教科書、プリント、地図帳を出して、一人で、試験勉強をしているのです。これには、負けた、と思いました。それで、「今日は道くん、音楽やらなくていいよ。テスト勉強してなさい」と特別に許可をしました。道くんは試験勉強を続けていましたが、途中、〃大きな太鼓〃になると、いつもの太鼓を打ちに前へ出てきたのにも感心しました。そして、なんと、社会科のテストで88点もとったのです。その日の道くんの日記です。

「　3月6日　今日は、社会のテストが88点でした。すごくうれしかったです。先生も友達もびっくりしていました。国語のテストは33点でした。これからは国語をもっとがんばろうと思いました。」

終業式の前日、〃一人ひとりが一年間で、どんなところが成長したか〃ということについて話し合いました。その時、道くんはずいぶん考えながら、「卓球が上達した……心が成長した……かな。国語の読みとりが上手になった。五年の半ばまで拒否が多かった」と言い、それからしばらく考えて、大きな声で、

「ボクは自閉症を克服したんだ!!」

と叫んだのです。

たった一年間の道くんの記録ですが、一人の自閉傾向を持つ子どもに、これだけの可能性が開かれたのです。お母さんが小さいころから絵本の読み聞かせをされてきたこと、これは道くんの言葉の土壌《どじょう》を耕《たがや》す上で、大きな役割を果たしていたに違いありません。人間が苦手で、一人になろうとしていた道くん。ほんとうは、人間が大好きなのです。それをどう表わしていいかわからなかったのです。センパイ寛史くんは、そんな道くんの心の窓を開けてくれました。

どんな重いハンディがあっても、その子の生活年齢を考えて、学習内容を構築する必要があります。学習することによって、彼、彼女たち一人ひとりの自己肯定感を少しずつ育《はぐく》むものでありたいと思います。どの子も伸びたい、自信を持ちたいのです。

道くんありがとう。道くんとの一年間は、先生にとっても、わくわくと胸踊る一年でしたよ。

Eちゃん、元気ですか

顔をあげたEちゃん

Eちゃんは、中学三年生になってから、青空学級に入級しました。それまでは、一般学級で他の生徒といっしょに勉強していたのです。中学三年生にしては体格が小さくて、かわいい顔立ちをしていました。

人の前では、下を向いてしまい、しゃべれない、返事もしない。よほどいやな時に「いやーん」と声を出すことはあるが、自分の意思表示は、ほとんどしない。一番、困ることは、学校では、みんなの前で食事ができないこと。「先生が来たらよけいあかんから、来《こ》んといて」と、面倒見のいい女子が数人で別室で食べさせてくれた。

これが小学校の先生から、引き継いでいたことでした。

Eちゃんは小学校の入学時には、普通に、おしゃべりもしていたといいます。それが、二年生ごろから徐々《じょじょ》に、自分でしないことが増《ふ》えていったということです。小学校二年生といえば、学校にもいくらか慣《な》れて、自分や周囲のことが少しずつ見えてきはじめたころと思えます。

人の視線が気になり、いつも手で顔を隠していて手が下りない。いつも、にこにこしているが、無表情で、教師が本を読んであげても、どう思っているのかわからない。絵を描いたりする時は、自分では何もしないので、教師が手を添えて、根気よく声かけをしながら、描かせていたそうです。Eちゃんの障害は「場面緘黙《かんもく》」ということでした。

障害児学級への入級については、保護者の反対で実現せず、交流という形で、国語と算数の時間に、障害児学級で学習していたということです。

中学校に入ってからも、保護者の同意が得られず、一般学級に所属していました。それがどうして、最後の三年生になって入級してきたのでしょうか。

学校では、相変わらず、何も食べず、途中からは、弁当すら持って来なくなりました。一年生の宿泊訓練の時、一日目、二日目と何も食べず、とうとう最終日の三日目に出た昼食のカレーライスだけは、何とか食べたということでした。

クラスの生徒が交代で、毎日、家へ迎えに行っていたのですが、二年生になってから、しばらくすると、クラスの生徒が来る前に家を出てしまい、探さなくてはならなくなりました。担任の先生は、お母さんに「生徒がEちゃんを迎えにいくまでは、家で待たせて下さい」と何度もお願いしましたが、うまくいかなかったようです。一人ひとりに、きめ細かく目を行き届かせ、快活で面倒見のいい担任の先生でしたが、「このままではEちゃんは退行するばかり」と、校長先生に相談されたのです。

そのころ、Ｅちゃんは一日六時間、手で顔を隠して、うつぶせたまま、教室に座っているだけだったのです。青空学級への入級を打診されて、当時、青空の担当だった私たち三人の教師は、事情がわかっていただけに勿論《もちろん》、了解《りょうかい》しました。学校としての方針が決まってからも、保護者の了解を得るまでには、まだまだ時間がかかりました。お父さんに確実にお会いできる夜遅くの時間に、教頭先生も一緒に訪問を重ね、学校でのＥちゃんの様子を聞いていただく中で、やっと了解がもらえました。

そうして、青空学級でのＥちゃんへの取り組みがスタートしたのです。私のメモは始業式の日から始まります。

4／8　8時15分にむかえにいく。母「起きない」と困っている様子。後でもう一度来ると退出。8時35分ごろ母よりＴＥＬあり。「起きないので――」　9時ごろ、Ｍ先生が訪問、「起きません」と困っている。

4／9　母「もう出ました」　三浦、探す。

4／10　母「もう出ました」　三浦、探す。

4／13　Ｍ先生、三浦、見つけられず、別の場所で校長が見つけてくれる。

4／14　誰も応答なし。戸を開けてみると、開いて、そこにＥちゃんがうずくまっている。見ると運動靴がない様子。ひとまず、お母さんのサンダルを借りて、はかせて、出る。

この日、調理実習でサンドイッチを作ったが食べないので、放課後、家へ届ける。

メモはこのあとも、一進一退の状態でずっと続きます。こういう調子で、一学期は、登校するまでの朝の取り組みが大変でした。ほとんど毎日、Eちゃんのお家の周辺の、かなり広い範囲を捜《さが》すことになりました。たちまち、私も、その辺の地理に詳しくなって、今日はこの辺に隠れているのではないかなどと、予測がつくようになりました。

音楽の時間、歌をうたう時も、Eちゃんは手で頭をかかえたままですが、「手をつなごう」の歌で、青空の仲間に手をつながれると、いやがらず、その手をあずけています。

畑の水まきの時、じょうろをもって水をくみ、両手でかかえて、水をまいてもらいました。一回目は、じょうろを落とし、水をぶちまけてしまいましたが、二回目には、自分で水を入れ、ちゃんとまけました。何回かの畑作業をするうちに、じょうろを手離して落とすことはなくなりました。

数学や国語の時間には、先生に手を添えてもらって勉強をしたり、みんなが楽しく歌っているる中に参加したりしているうちに、少しずつ変化してきたことがあります。それは、青空教室の中では、顔を隠すことをしなくなってきたことです。六月の中ごろになると、みんなの顔をよく見ていたり、みんなの様子を見て、少し笑ったりするようになったのです。

無表情のニコニコとは、少し違う笑顔が見えてきたと思います。

登　校

そんなEちゃんの変化が発見できるようになる前に、一度、Eちゃんと私がトラブったことがあります。朝、家に迎えに行った時、いっしょに歩き出したところまではよかったのですが、

Eちゃんが途中で、道に座り込んでしまったのです。それで、立たせようとした時に、小さな身体にかぶるように着ていたジャージの上衣が、Eちゃんの頭からスッポリ脱げてしまったのです。

Eちゃんは下着をつけていませんでした。

「うわぁ、Eちゃんごめん。すぐ着せるからね」ジャージを着せて、立たせようとしても、立ちません。私は、「Eちゃん、弱虫になってしまうの？　先生は毎日Eちゃんが元気に学校に来てほしいと思って、迎えに来ているのに。そんなに弱虫でいいの？」と思わず強く、路地中に響く声で叱《しか》っていました。すると、Eちゃんが、さっと立って、歩き始めたのです。

「Eちゃん、ありがとう。先生うれしいよ。さあ、みんなが待っているから行こうね」

ある日、Eちゃんと歩きながら、いろいろ話をした中で、私は、「Eちゃん、先生、足が悪いから、毎日、ぐるぐる探し回るのが、ほんとはすごくハードなの。できたら、どこか近くで、先生のわかる所で待っていてくれると、うれしいんだけどな」と言ってみました。Eちゃんには、どこか、人の気持ちが通じる部分があると思えたからです。

すると、明くる日、Eちゃんは、近所の家のガレージに隠れるように座っていて、私が近づくと、見つけやすいように、青いジャージ姿をチラと見せてくれたのです。

「Eちゃん、ありがとう。近くで待っていてくれたのね。先生うれしいわ。ありがとう」

それからは、その家のガレージに首を突っ込むと、Eちゃんの姿がありました。ある時は、行くとすぐ家の外に立っていたり、戸を開けるとすぐ中にいたり、明らかにEちゃんは私のことを考えて、できるだけ近くで、わかりやすい所で待ってくれるようになったのです。それまでは路地裏から路地裏へ、他のマンションの階段下など、いろいろな所に隠れていたのです。

どんなに困難を感じさせる子どもでも、本人が意識するとしないとにかかわらず、自分を成長させようとする働きかけには、何とか応《こた》えようとしてくれるものだということを、Eちゃんのちょっとした変化から教えられました。

三年生になってからも、クラスの生徒が毎日交代で、Eちゃんの迎えに行ってくれていました。どんなに困らせても、Eちゃんのクラスの友だちは、Eちゃんを決して見捨てませんでした。でも、いつまでも出てこないEちゃんを、家の外で手もちぶさたで待っている生徒の姿を見ると、「もういいから、学校へ行ってね。あとは先生がするから」と声をかけずにはおれませんでした。

ある日、クラスの生徒のひとりがEちゃんの姿を見つけて、いっしょに登校しようとしたのですが、Eちゃんが逃げてしまい、私がやっとのことで他の駐車場で見つけて、学校へ連れて行ったことがありました。その時は、Eちゃんを探して、その生徒は遅刻してしまいました。

それで一時間目に、私はEちゃんを叱《しか》りました。「逃げたりするのなら、もうクラスの子に迎えに行ってもらわないよ。先生も、迎えに行かない」と。担任の先生も、いつもは、ホームルームの後、帰りにはEちゃんに必ずクラスの生徒をつけてくれるのですが、「今日は、Eちゃんは、一人で帰ります」とクラスの生徒に告げました。Eちゃんは、クラスの生徒の方に歩みよりそうになりましたが、その日は、誰も声をかけてくれないので、あきらめて一人で帰りました。

翌日からしばらくは、いつも教師が迎えにきているのを知っている近所の人が連れてきてくれたり、生徒指導の先生が巡回のとき見つけてくれたりしていましたが、時間は遅れても、Eちゃんは自分で学校へ来るようになりました。その時は、青空学級の近くのトイレや、ふだんあまり生徒が通らない、総合学習室がある階段を上がったところの廊下などにおり、先生や生徒に見つけてもらうのを待っているようになりました。

いっしょに踊ろう

登校時はいつも困難でしたが、いったん学校へ来ると、Eちゃんが関心を示すことがいろいろ発見できました。

地区の仲よし運動会で、参加者全員で踊るテーマ曲のポンポンを作っていた時のことです。ポンポン用のビニールひもを椅子の背もたれに約八〇回巻きつけるのです。最初、手を添えてあげて巻いていったのですが、次第にEちゃんは一人で動いて、ほとんど自分でやりきりました。自分用のポンポンを持てるという意識が、Eちゃんをやる気にさせたのだと思います。こういうところは、普通の中学生と同じです。

私が知世ちゃんと、いつも踊っているダンス〝山の娘ロザリア〟に、「Eちゃんも、いっしょに踊ろう」と言って、さそってみました。手を持ちにいくと恥ずかしそうにしていましたが、いやがらないのです。Eちゃんは、いやなことには、必ず座り込むなどするのです。最初は私にリードされてひきずられていたのですが、いつのまにか、Eちゃんの身体が軽くなっていきます。足も、自分で動かせているのです。私は思わず、心の中で拍手をしていました。

そのころからでしょうか、放課後、学校から帰らなくなったのです。学校が好きになったのでしょうか。野球部の練習を、ぼんやり、バックネットのところで見ていたり、職員室に近い運動場のどこかにいるのです。担任の先生や、生徒指導の先生、クラブ顧問で運動場にいる先生など、いろんな先生から何度も「はよ、帰りや」と声をかけられるようになったのです。もしかしたら、先生たちにかまってもらいたかったのかもしれません。

このころは、朝、迎えにいくと、戸にうつる私の影を見てか、途端《とたん》に戸があいて、Eちゃんが出てきます。あるいは、家と家の間の細い通路から、すぐ出てくるのです。

学習の時間は、どの時間も、一人の教師がEちゃんにつきっきりでした。ひとりだと何もしないのが、手を添えてあげると、遅いのですが、作業したり字を書いたりするのです。身体の絵本を読んであげた時は、よく見ていました。あとで身体の器官名を書いてもらったのですが、胃や肺や腸など、ほとんど書けたので驚きました。ほんとうは、わかっていることが、もっともっとあるのでしょう。

よくわかっているね

そんなEちゃんと、私は、国語の学習をしていました。漢字の読みがなを書くのも、たいていはわかっていて、Eちゃんが鉛筆を持った手に、私の手を添えると、ゆっくり、ほんとうに

あいたくて　　　　　　　工藤　直子

だれかに　あいたくて
なにかに　あいたくて
生まれてきた——
そんな気がするのだけれど

それが　だれなのか　なになのか
あえるのは　いつなのか——
おつかいの　とちゅうで
迷《まよ》ってしまった子どもみたい
とほうに　くれている

それでも　手のなかに
みえないことづけを

ゆっくり、ほんの一ミリ、一ミリ、動かすのです。

「Eちゃん、それで？　何を書きたいの。もっと動かして」「それではわからないよ、最後まで書いてね」「あーあ、先生、肩がとっても痛い。おねがい、もっと早く書いて」また、一ミリ、二ミリ、動くのです。

このような調子なので、無理かな、と思ったのですが、教材の内容の読みとりをしてみました。

工藤直子さんの「あいたくて」という詩を、Eちゃんといっしょに読みました。

——あえるのは　いつなのか——の、「——」は、どんな気持ち？

「わからない」

——とほうにくれている、って？

「こまっている」

——みえないことづけ、の「ことづけ」

にぎりしめているような気がするから
それを手わたさなくちゃ
だから

あいたくて

って？

「てがみ」

——その「ことづけ」をだれに手わたしたいのかな？

「すきな人」

一つひとつの質問にこたえて書いてもらうのに、やはり気の遠くなるほどの時間がかかったのですが、Eちゃんは、ちゃんとわかっていたのです。そして「すきな人」と、思春期の女の子らしいこたえを書いてくれたのです。

工藤直子さんの「こころ」を学習しました。

ゆっくり話し合いながら、次のような会話をしました。Eちゃんの手が、ほんとうに、かすかに動きます。その動きを見のがさないように、Eちゃんの手の動きに合わせます。

——こころがくだけるって、どういうこと？

「こころが　つぶれる」

——どんなときつぶれるの？

「つらいとき」

——「たとえばなし」って、どういうこと？

「うそのこと」

こころ

工藤直子

「こころが　くだける」というのは
たとえばなしだと思っていた　ゆうべまで
今朝《けさ》　こころはくだけていた　ほんとうに
ひとつ　ひとつ　かけらをひろう
涙《なみだ》がでるのは
かけらに日が射《さ》して　まぶしいから
くだけても　これはわたしの　こころ
ていねいに　ひろう

——ゆうべ、とは?

「きのうのよる」

——Eちゃん、こころがくだけたことある?

「ある」

どんな時?　とは聞けませんでした。

——ひとつひとつかけらをひろう、の「かけら」って?

「かなしみ」

——「涙がでるのは　かけらに日が射して　まぶしいから」っていうのは?

「かなしいことをおもいだすから」

——「くだけても　これはわたしのこころ　ていねいにひろう」とは、どういうこと?

「つらいことに　まけないで　つよく　いきる」

――Eちゃん、すごいね。よくわかっているね。Eちゃん、この詩のように、つらいことがあっても強く生きようね。

「場面緘黙」のEちゃんにも筆談は有効でした。この詩の読みとりから、Eちゃんのナイーブな心がよく伝わってきます。Eちゃんとの筆談をもっとやってあげたかったです。中三の一年間だけでなく、中学校に入学したころからEちゃんと接していれば、もっとその心の内をわかってあげられたのではと、残念でなりません。

うさぎ

Eちゃんが青空にやってきたとき、一番よろこんでくれたのは、同じ学年の久くんでした。みんなで作業をする時間に、教師が手を添えていっしょにやろうとしても、Eちゃんが何もしようとしないのを見て泣きだした久くんは、筆談で「Eちゃん、ちゃんとしてほしい、久は悲しい」と言ったのでした。クラスの生徒が迎えに来たのに座り込んで動かないEちゃんを、ひっぱり上げて立たせてくれたのも久くんでした。逃げて隠れてしまいクラスの生徒に迷惑をかけたことでEちゃんを叱っていると、久くんは「やめて」というように、私の腕をつかんで止《と》めました。

Eちゃんにやさしくて厳しい久くん。Eちゃんのことを一番わかってくれた仲間でした。久くんが太鼓をたたき、Eちゃんがバーチャイムをならして「ABCの歌」を演奏した「なかよしのつどい」のころのEちゃんの笑顔はステキでした。

卒業前に、Ｅちゃんがいちばん生きいきとやっていたのは、ぬいぐるみ作りでした。動物のぬいぐるみの中から、Ｅちゃんは、かわいいうさぎを選びました。Ｅちゃんにぴったりの動物だなあと思えました。Ｅちゃんはこのぬいぐるみ用の布に、濃いピンクとうすいピンクのアップリケ用の布を選びました。

型紙で切った布を左手に持ち、糸を通した針をＥちゃんが右手に持ちます。私が手を添えます。「はい、針さして」「はい、ぬいて」「はい、さして」「はい、ぬいて」と、一針、一針、声をかけます。はじめは、ほんとうにゆっくりで、先のことを思うと途方《とほう》に暮れる思いでしたが、少しずつ形ができてくると、Ｅちゃんの針の動きが少し早くなりました。声かけはいりますが、次つぎと針をさしては、抜いていきます。

ぬいぐるみ作りの時のＥちゃんの表情は、他の作業の時とちがって、どことなく、うれしそうなのです。肩も腰もパンパンに張ってしまったけれど、あの時、Ｅちゃんと一針一針、ぬいぐるみを作ったことを、私は生涯忘れることはないでしょう。

Ｅちゃんとは、ほんとうに苦しい一年間でした。正直いって、何もしてあげられなかった——という思いが残ります。

Ｅちゃんが一人で自立していける進路を、ということで、二十四時間、生活を保護してもらえる施設から養護学校に通うのがいいのではないかと考え、お父さん、お母さんと何度も話し合いました。けれども、結局、「人前で食事をしない」ことを理由に、両親そろっての賛成を得られず、卒業後のＥちゃんは在宅になってしまいました。

Eちゃんに必要なのは、自分で自分の身の回りを整えること。それができるようになる中で、人を避ける今の状態が克服《こくふく》されていくのではないかと私は思いました。このまま、ひきこもってしまったら、中学三年生で芽ばえた人との関わりを、さらに生かしていくことができないばかりか、Eちゃんの成長はストップする――そう考えることは、とてもつらいことでした。

在校中は、保健所の方や、児童相談所の方がたともいろいろ相談しましたが、当時、子どもを保護する法整備が不充分で、そういう専門機関の立ち入りは、学校が求めるほど、簡単ではありませんでした。もし、今だったら、ことは違っていただろうと思われます。状況に応じた法の保護が明確になってきたからです。

卒業後、二回のクリスマスや、青空学級を訪問した時に、Eちゃんの家に寄ってみました。通学当時とおなじように、Eちゃんの家のカギはかかっていなかったので、戸は開きました。けれども、呼んでも誰も出てきません。Eちゃんはきっと家のどこかにいるはず、そう思って、私は玄関のあがりがまちから、二階の方に向かってEちゃんに話しかけました。「Eちゃん、こんにちは。三浦先生が来たよ、元気ですか。クリスマスプレゼントと手紙もってきました。置いておきますね」

卒業後、まだ一度もEちゃんに会うことができません。でも、これからも時どきたずねて、家の戸が開いているかぎり、Eちゃんに声をかけるつもりです。

テルくんと隆ちゃん

拒否

風のように走ってきて、風のように走り去るテルくん。テルくんは、はにかみやさん。愛らしい男の子です。テルくんにも自閉傾向があります。夜、お母さんに連絡したいことがあって、私が電話をした時のことです。

——テルくん？

「テルくん」

——お母さんとかわってくれる？

（だいぶたってから）「……あとで……」

——（やった！「あとで……」と言えた）

テルくんとの会話は、なかなかうまく成立しません。話しかけると、一生懸命、答えようとするテルくんは、しだいに泣きそうな顔になってしまいます。どう答えようか考えているらしいのですが、返事はどうしても「オウム返し」(「オウム返し」という言葉は、差別的ということで、研究者の間では「反響言語」と呼ばれています)になってしまいます。

テルくんは、自分からゴミを拾ったり、みんなの靴をきちんと並べてくれたり、とても几帳《きちょう》面《めん》です。また、朝の挨拶《あいさつ》の時、すぐに立てない友だちに手を貸して、立たせようとしてくれます。歩行の困難なOくんには、いつも杖《つえ》を手渡してくれます。自転車の絵をかくのが上手《じょうず》で、よく描いていました。そんなテルくんは、クラス(原学級)の生徒たちに人気がありました。佐藤先生という一番若い女性教師がテルくんの担任でした。佐藤先生は、テルくんのお母さんへのクラスの連絡帳に、その日のテルくんに関することを日記のように書くことを、生徒たちに指導してくれていました。ユニークで、心のこもった連絡帳だったと思います。ある日の連絡帳です。

「音楽の時間、テルくんは、男子にカーテンに巻きつけられていてソフトクリームみたいにまきまきになってよろこんでいました。

それで、男子がテルくんのまきつけたカーテンをとると(テル君が)自分でカーテンをまきつけました。

いつもの作業の時間よりも楽しそうでした。」

青空の子どもたちがクラスの仲間といっしょに受ける授業は、子どもによって一部変わりますが、音楽、美術、保健体育、技術家庭の各教科です。クラスの子どもたちの連絡日記の中には、私たち教師の知らないテルくんの姿が生きいきと表われています。

夏休み中の八月六日は、平和登校日として、全校でいろいろな取り組みをしていました。青空学級でも詩の朗読で、参加することになりました。原民喜《たみき》の「水ヲ下サイ」を扱いました。

国語の教材として、たくさんの詩をとりあげていますが、いつも、はじめに私が一行読んで、そのあと、みんなでいっせいに読んでもらいます。大きな声で読めるようになる中で、自信をつけてくれた生徒が多かったのです。これを何回かくりかえして、ある程度、その詩のリズム、イメージがわいたところで、今度は一人ずつ読んでもらいます。かなり難《むずか》しい詩でも、こうして練習すると、青空の子どもたちも、みちがえるように上手になるのです。

さて、テルくんの番です。文字を指さして、「ミ・ズ・ヲ・ク・ダ・サ・イ」と一字一字読んでいきます。はじめは小さくとも声が出ているのですが、そのうち、突然、ヒューというような読み方に変わったかと思うと、テルくんの視線は宙《ちゅう》を舞い、別世界に入ってしまいます。どの詩の時もそうでした。一篇《いっぺん》の詩を最後まで読むのは困難でした。

もう一人、やはり一字ずつなら、ゆっくり最後まで読めるＯくんがいました。私はふと思いついて、詩を短い区切りごとに、カードにしてみました。Ｏくんとテルくんには、そのカードを読んでもらうことにしました。すると、テルくんは、その一枚のカードを、スラッと読んだのです。うわぁスゴイ、内心、私は驚きましたが顔には出さず、カードを次つぎと出していきました。そして、どの詩の学習にも、全文をカード化して、一人で朗読する時はカードを順々《じゅんじゅん》に読んでもらったのです。そうすると、テルくんは別世界へいくこともなく、最後まで読めたのです。私はいい気になって、それからずっと、そのカードを使っていました。夏休みの平和登校日にむけて、一人ひとりの読む段落《だんらく》を決めて、何度も練習をしました。

いよいよ本番になり、テルくんの番がきました。私はテルくんの前横に座って、用意していたテルくん担当の部分のカードを、一枚ずつ出していきました。いつものように読み始めたのですが、二、三枚、読んだかと思うや、突然、テルくんは、カードを払い除《の》けたのです。そして、後は、あっという間もなく、詩を読み続けました。誰の援助《えんじょ》もなく堂々と。

初めて一人で読むテルくんの姿と声を、私はあぜんとして見、聞いていました。いつのまにか、テルくんの中に、詩はすっかり定着していたのです。全校生の前で、自分だけカードに助けられることを、きっぱりと拒否したテルくんの強い意志。その勢いに、私は圧倒《あっとう》されていま

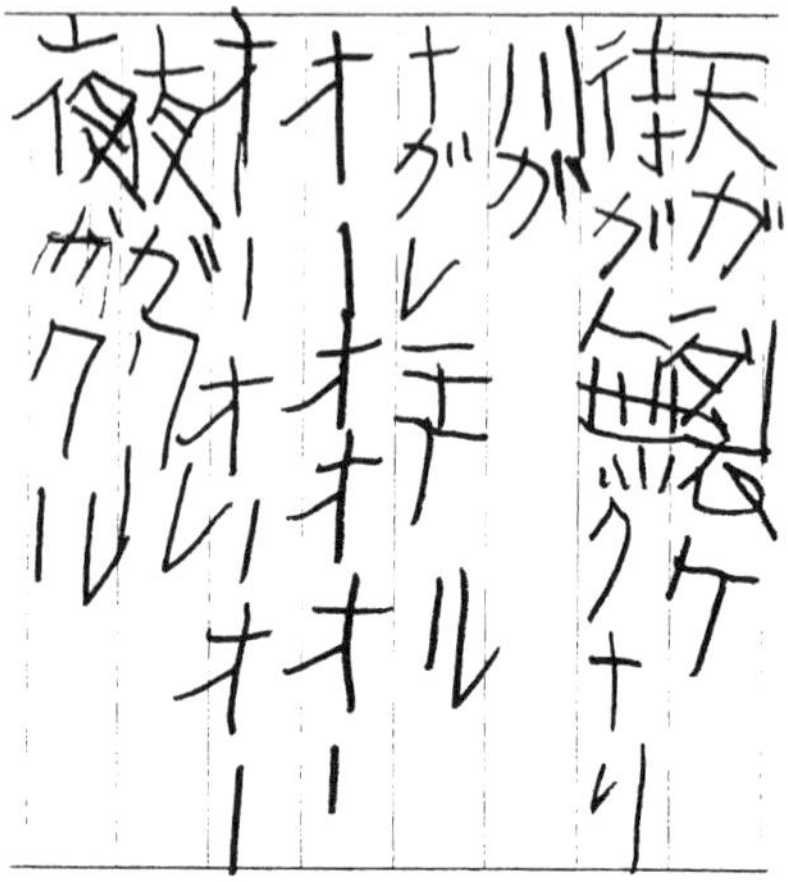

天ガ裂ケ
待（街）ガ無クナリ
川ガ
ナガレテイ（ヰ）ル
オーオ（ー）オ（ー）オー
オー（オ）ーオーオー
夜ガクル
夜ガクル

した。……ある日、人は、突然、大きな飛躍《ひやく》をなしとげることがある、私は心の中で、ひとり、自分自身につぶやいていました。

夏休みが終わって、テルくんの日記帳を見た私は、またまた驚きました。「水ヲ下サイ」の一節でした。（前ページ）

テルくんとの筆談

知世ちゃんと筆談が成功したころ、テルくんの卒業が近づいてきました。テルくんも自閉傾向がありますが、「オウム返し」になっても、声の言葉はあるので、それまで私は、テルくんに筆談の必要性を感じていませんでした。

テルくんが進路として選んだ八尾養護学校高等部へ、初めて見学に行ってきたあと、私は、テルくんがどこまでわかっているのか、ちゃんとした会話の中で知りたいと思い、筆談をしてみたのです。

――卒業したらどこへいきますか？「やおようごへいきます」

――だれといきますか？「たかちゃんといきます」

――電車でいきますか？「はい」

――電車はどこから乗るの？「かわちまつばら」

――どこで乗りかえるの？「どうみょうじ」

――そこから、どこまで乗るの？「かしわら」

――柏原《かしわら》から歩いてどこまでいくの？　「かたしも」

――そこから乗ってどこでおりるの？　「やまもと」

――いきかた全部おぼえているのね。かしこいですね。一人でいけそうですね。「いける」

――佐藤先生（担任）、すきですか？　「すきです」

――お母さんすきですか？　「すきです」

――お兄さんすきですか？　「はい」

――すきな女の子いますか？　「いる」

（横から隆《たか》ちゃんが興味深そうに「だれ？」）

――だれですか？　「みうらせんせい」

――（エーッ！）

テルくんは、隆ちゃんと私の三人で一度だけ行った、片道一時間半もかかる八尾養護学校への行き方をしっかり覚えていました。

今までやったことのない会話がテルくんとの間でできたのです。こんなことだったら、テルくんとも、筆談をたくさんしてあげればよかったなと、私は少しうれしい反省をしました。このあと、卒業までに何回か、テルくんと筆談をしましたが、その中で「いま楽しいことある？」との質問に、

「ちかこせんせいとおはなしできた。たのしかった」と書いてくれました。

初めての筆談で、鉛筆を持ったテルくんの手に私の手を添えた時、テルくんの動きが堅《かた》く、

テルくんの戸惑《とまど》いの心が感じられました。でも、それがうまくいったのは、テルくんが、私と知世ちゃんとの筆談をふだんから見ていてくれたからだと思います。

二人の門出

テルくんは、予定より二カ月半も早く生まれました。通常の赤ちゃんよりも、ひとまわり小さくて、電球のような頭だったといいます。初めておむつを替えた時、お母さんは、ブカブカのおむつをそっと開けてみて、ポコンとしたお腹にM字形についていた大人の親指ほどの太さのテルくんの足に「ギヤッ」と叫んで、思わず、おむつをふせてしまったそうです。

通常の倍ちかくミルクを飲み、よくねむり、四、五カ月たつと、普通の子どもと変わらないプチプチの赤ちゃんに変身したのです。お母さんが少し気になったのは、おとなしすぎて、あまり笑わないし、太っているせいか動きもおそく、ほとんど寝てばかりで、手のかからない赤ちゃんだったこと、七カ月で寝がえりができ、一歳四カ月で、やっと歩き出したことです。

二歳の時、保育所に入ったのですが、言葉らしい言葉がほとんどなく、「ワンワン」が初めての名詞だったとか。たまに口にする「カカァ」はお母さんのことでした。保育所の先生も心配して、養護専門の先生をよんで下さり診《み》ていただいたそうですが、「小学校低学年までには普通になる」とのことでした。

ある暑い夏の午後、テルくんは、初めて、「自閉症」と診断され、お母さんは泣きながら、テルくんの手を引いて帰ったそうです。

そんなテルくんも、言葉が増えはじめ、小学校に入るころには、たくさんの単語を発するようになったそうです。普通の子どものできること——歩けること、話すこと、鉄棒で前回りができること、ボタンがはめられること、ひとりでトイレにいけること、そんなあたり前のことが一つひとつできることを、お母さんは心から感動して、見つめてこられました。

「テルくんといると優《やさ》しくなれる」

とお母さんがおっしゃっていました。私も同感です。他の生徒たちも同じ気持ちだったと思います。たくさんの同級生が「テルくん」と声をかける姿を見てきました。

隆ちゃんは、少し知的な遅れがありますが、それほど重度ではありません。でも友達関係をつくるのが苦手《にがて》でした。青空学級では楽しそうに勉強していても、クラス（原学級）の仲間の中になかなか入れず、担任の先生やクラスの友達が、いろんな形で、ねばり強く隆ちゃんに働きかけてくれました。

隆ちゃんは、テルくんのことが好きで、青空に来ると「テル」「テル」とよく話しかけては、世話をやいていました。勉強がわからない時は、いつもテルくんに教えてくれていました。友達の少ない隆ちゃんにとっては、テルくんは大切な友であったのです。

体育館でバスケットボールの練習をしました。隆ちゃんは「テルいくぞ」と、元気にドリブルし、シュートも何回か成功していました。当時、あるテレビドラマで、キンキキッズ（KinKi Kids）のメンバーが、空地にバスケットボールの支柱とネットをつけてやってるのを見ました。

私は、青空教室にネットをつけてもらったら休み時間でもできると思い、技能員さんにお願いして、取りつけてもらいました。予想どおり大成功。その日から隆ちゃんが、「テルやろう」と呼びかけて、二人は休憩《きゅうけい》時間にシュートを練習するようになりました。ただしボールは、やわらかいボールです。休憩時間、それまでは先生の来るのをただ待っている子どもたちが、自分たちで遊び始めたのです。二人が交代で（といっても、いつも隆ちゃんからですが）声かけあってシュートを練習する姿は、青空学級に明るさと活気をもたらしてくれました。

国語の時間は、テルくんもカードを使って、みんなと同じように学習に参加していました。教材をカード化するなかで、朗読だけでなく、読める漢字も増えていきました。その一つひとつの達成感を、テルくんも確かに感じているようでした。三年生の二学期には、一人で一篇の詩全体を朗読することができるようになったのです。読めている自分自身によろこびを感じているテルくんの心の動きが伝わってきました。テルくんは、決して投げ出さず、困難な課題に、自分から、くいついていこうとしていました。

テルくんが本読みしている時、見守るようなまなざしをテルくんに注いでいた隆ちゃんは、私の大好きな谷川俊太郎さんの「生きる」という詩を、とっても上手に朗読できるようになりました。私は隆ちゃんの朗読をテープにとりました。お別れ会に、隆ちゃんが一人で朗読するのは無理でも、録音でならできる、そう考えたのです。三年生のお別れ会の当日、他の保護者は招待されていなかったのですが、隆ちゃんのお母さんには特別に来ていただきました。体育館のうしろで座っているお母さんの耳に、「生きる」を力強く朗読する隆ちゃんのテープが流れました。すばらしい朗読でした。このテープは今でも私の宝物の一つです。

卒業後、テルくんと隆ちゃんが進む八尾養護学校まで、電車通学にするか、学校が送り迎えしてくれるバス通学にするか、二人にとってどちらがいいのか、担任としても悩みました。テルくんは何かあった時、会話はうまくいかない。隆ちゃんは、人が苦手なので、トラブルを解決することができるだろうか。学校訪問の時に「自主通学でなければ就職は難《むずか》しい」と言われていてます。お母さんたちと相談の結果、なんとか、自主通学（電車通学）させようということにしました。そして、願書をとりにいく日、願書を出す日、受験の当日、この三回を通学の練習にあてました。最初は、私が駅名など通学路を確認しながら教え、二回目からは、子どもたちを先頭に立てて「ハイ、つぎはどっち？」などと言いながら練習しました。その三回で、二人は通学の電車の乗り換《か》えや、最終駅から学校までの道をしっかりと覚えました。四月から二人はいっしょに、八尾に進学したのです。

隆ちゃんが少し休みがちになったこともありますが、その時も、テルくんは、一人で一時間半の道のりを通学することができました。お母さんは「まさか、テルが一人で通学できるようになるなんて」と、信じられないような口調で喜んでおられました。

その後、テルくんも隆ちゃんも養護学校を卒業して、松原市の作業所で働いています。家に閉じこもりがちであった隆ちゃんが、作業所に行くようになってからは、ほとんど休まなくなったとお母さんに聞き、安心しました。

“誰が一番好き？”
——ストーカーゆかりちゃん——

ゆかりちゃんは、軽い知的障害をもっていましたが、それよりも注意が必要なのは、感情、気分にムラがあり、コントロールがむずかしいことでした。

気分がハイの時は、とても活動的で、大きな声を出して笑い、ときに暴力的でさえありました。そうでない時は、全く逆で、どこにいるのかわからないほど静かで、休憩《きゅうけい》時間にも黙って椅子《いす》に座っています。

ゆかりちゃんが入学したときの青空学級の生徒は、全部で六人でした。

Tちゃんは、歩くのもゆっくりで、肥満《ひまん》体でもあったので、一度座り込むと、教師が手を貸さないと、自分ではなかなか立てません。トイレの介助《かいじょ》も必要でした。学習活動は、教師と一対一です。Oくんは、杖を二本ついて校内を歩いていましたが、手足に緊張が強く、歩行には常に介助が必要でした。知世ちゃんは、自閉傾向があり、言葉が話せず、手をかんだり、遠くへ走り出したりするので、目が離せませんでした。テルくんは、自閉傾向をもち、会話が困難で返事はいわゆる「オウム返し」（反響言語）になるので、対話には特に心配りを要しました。隆ちゃんは、不登校傾向があり、原学級であるクラスに入るのに、常に配慮が必要でした。

この五人とゆかりちゃんです。

担任は、男の先生と私の二人でしたが、どうしても、介助や、コミュニケーションの補助を必要とする、障害が重度の生徒にかかりきりになってしまうことが多く、たった六人の生徒なのですが、いつも、人手不足の状態でした。ほかの生徒に対応している時、きまって、ゆかりちゃんは、人をたたくなど、乱暴をするのです。

頭を保護するためのヘッドギアをつけていたOくんの頭を、わざとたたくまねをしました。その日は、明らかに私たち教師を意識しています。Oくんの保護者から、教師自身も絶対に頭をたたかないように、厳しく言われていましたので、その時、私はゆかりちゃんを強く叱《しか》りました。けれども、それくらいで止《や》むわけはなかったのです。一番、被害にあったのは、言葉の話せない知世ちゃんでした。知世ちゃんは、たたかれたことへの怒りを言葉で表わせないので、泣きながら自分の頭をたたいたり、そばにいる誰かにたたき返したりしました。

体つきのしっかりしたゆかりちゃんの手足はパンパンに張っていて、力が強く、ちょっと押されると、私など、よろけそうになるくらいでした。一度、腕を思い切りひねられたことがありました。「痛い！」思わず涙が出て、あとで見ると青あざができていました。原学級でも、同じクラスの女生徒をたたいたり、ひねったりしては、担任の先生に叱られていました。

入学してきてしばらくは、私も本気で叱ったり、かなり激昂《げっこう》しましたが、それが全く効果がないことは、すぐにわかりました。ゆかりちゃんのそうした行為のすべては、先生や友達の気を引くためであり、「私の方を向いてよ」という合図《あいず》だったのです。

卒業までの三年間のことを考えると、小手先《こてさき》の方法では、解決しそうにもありませんでした。私がこわい教師になって、ゆかりちゃんに恐れられるようにするというのは、できそうもありませんでしたし、すべきことでもないと考えました。

「三人の中で誰が一番好き？」

ある日、ゆかりちゃんが言いました。三人とは、ゆかりちゃんと、いっしょに入学した〇くんと、知世ちゃんのことです。

――それは、ゆかりちゃんにきまっているでしょ。

私は、何気なくそう答えました。ふと口をついて出た言葉でしたが、これだったんだと、内心、納得《なっとく》していました。そのとき以来、この会話は何度も何度もくりかえされました。

「三人の中で誰が一番好き？」――ゆかりちゃんにきまっているでしょ。

「どれくらい好き？」――これーぐらい。（手を大きくひろげる）

「二番目は？」「三番目は？」

いつも、ほかの生徒に手をとられている時、ゆかりちゃんのことが気になっていました。乱暴をしたので叱った時、「先生の目がこわいよ」と言いました。それは、私の胸にこたえました。手のあいている時は、できるだけ、手をつないだり、スキンシップを心掛《こころが》けました。

そうしているうちに、青空学級での授業が終わって、私が職員室へ戻《もど》ろうとすると、ゆかりちゃんはついてくるようになりました。短い十分間の休憩時間に、私が次の授業の教材の準備をしていると、外で待っています。トイレにいこうとすると、職員室の外で待っていたゆかりちゃんが声をかけます。

「どこへ行くの？」――トイレよ。

するとまたついてきて、私が職員トイレから出てくるまで待っているのです。私が出てくると、いっしょに手をつないで青空学級に向かいます。これは、毎日、毎時間のこととなりました。私がどこへ行ってもついてくるのです。結局、中学一年の後半から三年で卒業するまで、これが続きました。ちょっとしたストーカーさんです。

ところで、ゆかりちゃんは、青空では、一番よく気がつく生徒でした。「〇〇ちゃんがおしっこ」「〇〇ちゃんが……」というゆかりちゃんの声で、おしっこの失敗や、生理の手当てにすぐに対応することができました。あわてものの私が教材やめがねを置き忘れたりすると教えてくれ、なんども本当に助かりました。ゆかりちゃんは、何でもよく見ている、見えている子どもなのです。

「ゆかりちゃんが一番好きよ」に満足するようになってから、ゆかりちゃんは、知世ちゃんにもやさしく接するようになりました。知世ちゃんが何か怒っている、ピョンピョン跳びはねている、どうしたんだろう、と思っている私に、ゆかりちゃんは、「先生、筆談してきいてみたら？」とまで声をかけてくれるようになりました。

国語の授業ではよく詩を教材にしていますが、ゆかりちゃんは、抑揚《よくよう》をつけて本当に上手に朗読《ろうどく》します。「うわあ、すごい上手《じょうず》、クラスの友達に聴《き》かせたいね」、そういうと、ゆかりちゃんは、毎時間、真っ先に、手を上げて、読んでくれます。

Oくんは、斜視《しゃし》で視力が弱いので、一字一字をとらえるのが大変。杖《つえ》を持つのでグローブのようにたくましくなった右手の指先で一文字一文字さしながら「あ・め・に・も・ま・け・ず……」と読みます。それはそれは時間がかかるのですが、自分に満足しているゆかりちゃんは、じっと黙《だま》って聞いていています。ほかのみんなも、Oくんがゆっくり、ゆっくり読むのを、ねばり強く待っています。こういう時、青空の仲間はたがいにとてもやさしいのです。できない友達をバカにする子はいないのです。

シーンと静まり返ったなかで、とつとつと読む声だけが響く教室は、厳粛《げんしゅく》でさえあります。宮澤賢治の「雨ニモ負ケズ」を教材にした国語の授業を、二年生の原学級の生徒たちに見てもらったとき、ある女生徒がこんな感想を書いてくれました。

「　青空で勉強している子の姿を見て、ちょっと感動した。たとえばゆかり……。
　ゆかりは、いっつも人をたたいたり悪口を言ったりするけど、青空では、みんなより障害が軽いのもあるけど、一番しっかりしてた。本読みなんか最高にうまかったです。それを見てびっくりしました……。
　ほんまに、めちゃうまかったです。」

青空学級では一日のはじまりに、みんなの日記を読みあい、お母さんからの連絡を紹介しあいます。ゆかりちゃんはそれがうれしいようで、毎日、毎日、よく日記を書いてきました。

「　おばあさんのこしのいたみは　だいぶなおってきています。はやくなおるといいな。」

ある日、こんなやさしいことを書いてきてくれました。人への思いやりの心が育ってきています。

大阪城に遠足に行った時のことです。ゆかりちゃんは、マフラーを二枚もってきていました。「どうしたの？」ときくと、「ちーちゃんが持ってきていない」と言って、知世ちゃんの首に一枚のマフラーを巻いてあげているのです。また、話し合いをしていたある時のこと、私が怒って、「もう久くんの手をもたない。（筆談のために添える手のことです）久くんいい？　みんないい？」と、言ってしまいました。みんな、すごく深刻《しんこく》な顔になりました。

Oくんが「やめないほうがいい」と、青い顔で言いました。ゆかりちゃんも青い顔で「続けてください」と言いました。

――なぜ？

「久くん、国語のときも、数学のときも、社会のときも、勉強ができない」

青空の仲間は、久くんの筆談の大切さをよく知っていたのです。じつはその前日、学習した詩のなかに「それは　わたしの生きているあかし」という一節がありました。「みんな、生きている！　て感じるのは、どんな時？」と質問すると、「筆談しているときです」と書いた久くんの答えに、ゆかりちゃんは、深くうなずいていました。

ゆかりちゃんの心の成長を教えられた日でした。

ゆかりちゃんは、本当によく勉強するようになっていました。三年生のはじめに、「本読みのカード作ってほしい。毎日するから」と言うので作ってあげると、授業でとりあげた詩を家で何回朗読したか書いてくるようになりました。新しいカードを何度も作ってあげなければならないほどでした。漢字の宿題を「毎日だして」と自分から言い、多いときは八ページもやってきました。もう一人の担任の先生に頼んで、数学の宿題もだしてもらっていました。二月二十六日の日記です。

「今日、学校から帰えてから、しゅくだいをしました。かんじのしゅくだいをしました。2ページしました。数学をしました。おんどくをしました。きれいにかけました。

今日、夜る、さかなをやきました。6ぴきつくりました。」

家族の魚を焼いてあげたゆかりちゃん、すっかりお姉さんになりました。

卒業の日が近づき、松原市の「なかよしのつどい」で発表する詩の朗読の練習と、共同制作の貼り絵づくりに追われていました。色紙《いろがみ》を手で細かくちぎって、大きな下絵にはっていく根気のいる作業でしたが、ゆかりちゃんは、ものも言わず、作品づくりに集中しました。

卒業式まであと一週間というころのこと、ゆかりちゃんは突然、私に抱《だ》きついて、ブチュッ、とキスをしてきました。身体《からだ》の大きなゆかりちゃんが、一回り小さい私に抱きついている姿は、かなりこっけいだったでしょう。今までの思いがわいて出たようなゆかりちゃんの行動です。卒業までの一週間、ゆかりちゃんの重い体重でこけそうになりながら、私はそのキスを受け続けました。ゆかりちゃんなりの別れへの演出だったのでしょう。

ゆかりちゃんは、八尾養護学校高等部に進学しました。ところが、です。進学して、しばらくたつと、ゆかりちゃんから、毎日、私の家に電話がかかってくるようになりました。

「今、何しているの?」「今晩のおかずは?」「どこへ行ってきたの?」「明日はどこへ行くの?」

ゆかりちゃんの質問はだいたい決まっていて、あとは、何となくしゃべりつづけ、二十分、三十分、ひどいときは一時間となります。私は、「これでは、お母さん、電話代、大変よ」と言い、「三分間ね」という約束をして、砂時計を電話のそばに置きました。ずいぶん短くなりましたが、養護学校の卒業まで、ほぼ毎日、電話は続きました。

養護学校卒業後、ゆかりちゃんは松原市の作業所に行っていますが、夕食の用意をしている一番忙しい時間に、また電話がくるようになりました。

「今日はどこへいってきたの?」「おかずは?」「今日は誰の夢みるの?」

——もちろん、ゆかりちゃんの夢よ、と私は答えます。

最近では、電話の時間は短くなりました。少し話すと「じゃあーね」と言って、自分から受話器を置いてくれるようになりました。このごろは、ゆかりちゃんの声が、私の安否《あんぴ》を毎日たしかめてくれているようにさえ聞こえてきます。

作業所では、一番の働き者らしく、「がんばり賞を何枚目もらった」と伝えてきます。

ゆかりちゃんなら、八尾養護学校を卒業したら就職できる、と私は本気で思っていたのですが、現実はなかなかきびしいようです。

子どもたちとともに

担　任

　私がはじめて障害児学級の担任になったのは、前任校でのことです。M先生が退職されるということがわかって、教職員のあいだが、にわかに騒《さわ》がしくなりました。障害児学級の担任をしていたM先生のあとを誰が引き継ぐかが、大きな問題になったのです。そして、このことをきっかけに、学校のなかで障害児教育についての論議がまきおこりました。大阪では、ほとんどの小・中学校に障害児学級（「養護学級」）があり、担当者は教職員の互選《ごせん》で選ばれるのが通常です。専門の教員が配置されるのは稀《まれ》なことです。当時、この学校で障害児学級（竹の子学級）が教師や生徒たちによって、大切に位置づけられていたかどうか、私自身の意識の中でもあいまいであったと思います。

　人事委員会の立候補のよびかけに、当初は誰も応じませんでした。このことに怒った一人の若い教師が職員会議で叫びました。

「自分は養護学校での経験もあるから、僕がやればいいのでしょう」

それは、誰から見ても意外な人物でした。T先生です。以前、養護学校で教えていたこともあり、障害児の担当としてふさわしくない、というのではありません。T先生は、若手の中心として、学級担任としても、クラブ活動でも、学年の生徒指導係としても、なくてはならない存在でした。きびきびした身のこなしで仕事をする、できる教師だったのです。そのT先生が立候補したのです。思いあまったような、半分、破れかぶれのようにも感じられました。

これには周囲も放っておけなくなりました。T先生をとどめようと立候補したのが、学校の生徒指導主事をしていたA先生でした。教職員の信望も厚く、なにより中学生がついていく、教科指導の面でも、生徒指導の面でも抜群の先生でした。

私の心は、穏《おだ》やかではありませんでした。当時、竹の子学級で学んでいた、一美ちゃん、文ちゃん、雅美ちゃんは、私のクラスの生徒だったのです。私はこの三人の女生徒の原学級を、三人が入学してきて以来、一年生、二年生と担任してきたのです。クラスの子どもたちは、障害のある三人を仲間としてよく理解してくれました。一年生のときには、文化祭で障害をもつ女の子のことを劇にして演じ、他の生徒にアピールしてくれました。気持ちのやさしい子が多く、生徒一人ひとりが三人とのかかわりを喜び、いろいろなことを発見しては知らせてくれました。

けれども、私は、元気いっぱいの四十名以上の中学生といっしょのクラスにいる三人の障害児一人ひとりに、担任として十分なかかわりができていないことを常に感じていました。それでいて、何ら有効な手立てもとれず、三人には、いつも申し訳けなさを抱いていました。クラスの生徒であってクラスの生徒でない状態を強《し》いているように思いました。とりわけ、言葉がほとんど言えない一美ちゃんについて、そう思っていました。

障害児学級の担任になれば、一美ちゃんにもっと違うことができるのではないか――、私は、二年間、心のおりとなって沈んでいたことにそう気づき、目がさめました。二年間、社会科を教え、受持ちをしてきた学年の生徒たちを、担任として卒業させたいという、中学の教師なら誰でも抱く思いもありましたが、多数の生徒の担任をとるか、少数の生徒の担任をとるか、それだけの違いだ、三人をよく知っている私が担当するのが一番妥当《だとう》なのだ、と思いました。

私はT先生、A先生に声をかけました。

「私も立候補します」

T先生には、職員会議の前日の夜、電話をかけました。

「立候補するからには、負けない演説をします。先生もそうしてください」

最終的にはもう一人、K先生も立候補しました。国語科担当で、大きな声でエネルギッシュに話す、生徒の人望もあり、指導力のある、学校で一番の猛者《もさ》先生です。教職員のなかの最も個性的な面々が候補者にでそろった選挙になりました。四人が各々《おのおの》の考えを述べる立候補演説をしました。結果は、私に多くの票が入り、私が障害児学級の担当になったのです。

T先生は手紙をくれました。

「僕が本気でやりたかった事を、お前はダメだと表決されて、さみしかった。思いあがりだったのだろうか。それとも新二年で、しっかりやれというたしなめの言葉だったのか。考えれば、これも思いあがりだろうか。

僕のしたかった事、一つでもいいから、やり通して下さい。」

T先生は真剣に、自分のやるべきこととして選択して立候補したのです。投票の結果は、もちろん、T先生をダメと否定したのではありません。T先生が立ち上がったから、私の迷いはふっきれたのです。T先生が立ち上がったから、たとえいっときであっても、教職員の障害児学級にたいする認識が大きく変わったのです。A先生も、K先生も同じ思いだったにちがいありません。私は、三人の先生の分の思いも背負った荷の重さを感じましたが、その後の障害児学級の運営には、多くの同僚教師が協力、応援してくれました。

私の教師生活のなかで、あのような形で養護担当選挙がおこなわれたことは、ほかにありません。人は時に、自分の今いる場を大きく変えることになっても、発言しなければならないことがあることを教えられた出来事でした。

いわおくん

四月、選挙で養護担当に選ばれた私の、この年のスタートはいつもと違っていました。

学校ではまだ授業はなく、それぞれの担任の教師が教室でオリエンテーションをおこなっていました。私は、竹の子学級の教室を整えたあと、いわおくんの家へ行ってみることにしました。学級に入級しているのに、長期欠席になっている生徒です。筋ジストロフィーという病気で、筋力が衰《おとろ》え歩くことができず、車椅子をつかっていましたが、なぜか、ずっと在宅になっていました。

その日は朝から快晴でした。学校の東側にある民家の畑では、ネギ坊主がのび広がっていて、まるで、やんちゃな子どもたちが背伸びをしているようでした。菜の花の黄色が目にまぶしく映《うつ》りました。こうした光景にさそわれて私は外に出ました。いわおくんの家は、学校からゆっくり歩いても十分ほどのところにありました。小さな長屋の一角で、家の前の陽のあたる玄関脇に置いてある一台の車椅子で、いわおくんの家だとすぐにわかりました。

玄関をあけると、ちいさなあがり框《かまち》からすぐガラス戸があり、お父さんが出てきてくださいました。奥の部屋で、いわおくんは背中をふとんで支えて、足を投げ出して座り、テレビを見ていました。しばらく話した後、ふと思いついて、

「いわおくん、車椅子乗れるの？」と聞いてみました。

「うん」

「ちょっと乗ってみる？」

すると、しばらく考えてから、「乗ってみる」と言ったのです。

「お父さん、すみませんが、手をかしていただけますか」と、お願いしました。ずっと家にいるせいか、いわおくんはかなりの肥満体でした。私ひとりの力で車椅子に乗せるのは、とてもむりのようでした。お父さんに抱きかかえてもらって、いわおくんは車椅子に座りました。

「ちょっとその辺を歩いてみようか。自分で動かせる？」

いわおくんは、ゆっくり車椅子の車輪を回して見せました。私は、車椅子を押して近辺を歩いてみました。そして、いわおくんに聞きました。

「いわおくん、どう？　学校へ行ってみようか？」

一瞬、顔に血がかけのぼったように、いわおくんの顔が赤くなりました。

「うん、行ってみる」

車椅子は、舗装《ほそう》された道路ではスムーズに動きましたが、地道のちょっとした土のデコボコでも車輪がとられました。途中、ぬかるみの泥道では立ち往生《おうじょう》してしまい、誰か人が通らないかと待ってみましたが、誰も来ません。いわおくんの説明を聞きながら、後ろのパイプを思いきり踏んで、やっとのことで難所を抜け出しました。全身、汗びっしょりになりました。私が車椅子を押したのは初めてだったのです。校舎が見えてきました。

「いわおくん、学校だよ。〝いわおが来たよ！〟って叫んでみようか？」

「うん」

「いわおが学校に来たぞ！」二人で大きな声で叫びました。

学校に着き、職員室へ行って原学級のクラス担任に連絡をとると、ちょうどチャイムが鳴って休憩時間になりました。いわおくんのクラスの生徒たちが集まって来ました。竹の子学級の生徒もひとり、やってきました。千秋くんです。いわおくんの到来で、学校はちょっとした騒ぎになりました。

これからのことはあとで相談することにして、この日はひとまず帰ることにしました。学校を出るとき、二人でもう一度叫びました。

「今度いわおが来るまで待っておけよ！」

いわおくんの顔は、生気で輝いていました。自分の思いつきでしたことの展開に、内心、私は驚いていました。送り迎えする人がいないから、いわおくんは在宅になっていたのです。週一回、私が迎えに行こう。週一回だけ、それならできるだろう。ささやかですが、私にとっては重い決意でした。

こうして、私の障害児学級担任としての仕事が始まりました。その後、異動になるまで四年間、この学校で担任を続けることになりました。

教　室

松原第六中学校に移ってからの二年間は、社会科の教師として一般学級で教えていましたが、三年目に、選挙で障害児学級担任に指名されました。

障害児学級の教室は、コの字形に立っている四階建て校舎の一階の角にありました。「養護教室」と呼ばれていたその教室に初めて入った時、まず感じたことは、部屋が暗いことでした。昼間も暗くなりがちな場所にある教室の中庭側には、古くて汚《きたな》いカーテンが下がっていました。私は、すぐにそのカーテンを取り払いました。

廊下側にあるドアの透明《とうめい》ガラスには、これも汚《よご》れた画用紙が貼《は》ってあって、廊下から教室内が見えないようになっていました。まるで、見られてはいけないかのようです。この貼紙が障害児学級の置かれている状況を象徴《しょうちょう》しているようでした。私は、画用紙をはがして驚いたのは、ガラスがほこりまみれなのです。よく見ると、教室中のガラスがそうでした。床《ゆか》の絨毯《じゅうたん》は、シミだらけの状態でした。おそらく一度もクリーニングされたことがないのでしょう。

こんなに汚い所で子どもたちが学んでいたなんて……、誰に向けたらよいのかわからない怒りがわいてきました。

四月初めの数日間は、もう一人の障害児学級担任に選任された男性教師といっしょに、教室の掃除《そうじ》に明け暮れることになりました。たいへんな作業でした。

教室の戸棚、ロッカーは、使われていそうもない物であふれていました。バラバラになった積み木や、プラスチックの破片《はへん》が箱の中に乱雑に放り込まれていました。不要な物を処分し、使える教材を整理して、これから新しく購入《こうにゅう》する本や教材を収納する場所をつくりました。

カーテンをはずし、窓ガラスをきれいに拭《ふ》くと、教室はずいぶんと明るくなりました。

物置きになっていた第二養護教室もきれいに掃除をしました。体育館に余っているマットをもらってきて設置し、教室の真ん中には、卓球部から古い卓球台を譲り受けて、常設できるよう、技能員さんに取りつけてもらいました。のちに、寛史くんや、久くん、道くんの卓球熱をあおるものとなりました。十分《じゅうぶん》とはいえませんが、第二養護教室はプレイルームになりました。

教室の掃除・整備がすんで、やっと私たちは自分の仕事道具を運び入れ、教育計画にたずさわることができました。

じつは、私は、以前から「養護教室」という呼び方に違和感をもっていました。前任の先生に、「生徒たちが親しみの持てる名前をつけては？」と提案したこともありましたが、「養護教室」のままになっていました。この呼び名には、子どもたちが主人公として学び、のびゆく教室という発想はないと思います。また、ついでに言うと、「特殊教育」という言い方にもなじめません。私は、この学級の名を全校生徒で考えてもらいたいと思い、生徒会担当の先生にお願いしました。生徒会では、さっそくアンケートをとって、いくつかにしぼられた候補の中から、「青空学級」という明るい名前をつけてくれたのでした。

本　物

青空の教室には、小さなガスレンジと流しがありますが、食器戸棚にはさまれた場所では、二人が立って作業するのがやっとです。調理台や、シンクにつながった調理コーナーがないので、学習机を使うしかなく、衛生的とはいえません。生徒一人ひとりが調理の全部の過程に参加するのは無理で、できたとしても、ほとんど教師がやることに、ほんの少し手伝う程度で終わってしまいます。

私は前任校でも、家庭科の先生にお願いして調理室を貸してもらいました。後片づけに厳しい先生でしたので、子どもたちに「流しに、ごはんつぶひとつ残してもダメよ」と言って、徹底して片づけて使いました。青空学級でも、調理室を使わせてもらいました。調理実習は、どの子どもも興味をもつので、作業の段取りや、調理の力をつけるのに、とてもよいチャンスなのです。

調理器具や食器の準備、材料の準備から、調理のすべての過程にたずさわれるように、二人で一台の調理台がつかえるよう配置しました。教師は、あくまで、子どもを見守り、声をかけることを基本としました。はじめは、危なっかしい手つきで、やっと包丁《ほうちょう》を持っていましたが、何回かの実習を重ねるうちに、カレーの具ぐらいは、自分で皮をむき、切れるようになってきました。

材料を買う、洗う、切る、炒《いた》める、煮る、盛りつける、食べる、片づける、たとえ不十分なできであっても、すべてを体験するなかで、包丁をこわがらなくなり、ガスの火も点《つ》けられるようになります。これを教師や親がほとんどやってしまったのでは、子どもたちの興味も喜びも半減してしまうでしょう。

ころがし卓球をいやがった久くんは、ふつうの卓球のスタイルにかえたとたん、にこにこして練習し、教師の予想をこえて上達しました。「できる」「できない」という判断以上に、本人の自負心が満足させられることで、できなくてもがんばろうという意欲をわかせたのではないかと思います。

むずかしいと思える多くの詩人の作品を教材にして、たのしく読みあいながらその世界に入っていった時、すばらしい読みとりが生まれました。すぐれた詩のもつ力が、柔軟な感受性を持つ子どもたちの能力を引き出したのでしょう。子どもたちとの学習を通じて、私自身の詩の読みも高められたと思います。学習した詩を、学校の「平和登校日」や「別れのつどい」などの場で、多くの一般学級の生徒が見守るなか朗読できたことは、青空の子どもたちの大きな自信になったと思います。

障害があるからといって、安易に、簡単にできるやさしいものを用いるのはいけないと思います。本人の生活年齢も考えず、幼児を相手にするような教材を使ったり、幼児向きの動作、遊戯《ゆうぎ》などをさせることは、とても失礼なことではないかと考えます。

教材は、つねに、その子どもにとって「本物」であることが大切なのだと思います。

障害児の教育に、決まった教材はありません。一人ひとりの発達や障害の状態が違うからです。けれども、新年度の備品や教材は、前年度に各担当者から事務の係に要望が出され、それに基づいて学校全体で予算の調整をするシステムになっており、新しく入学してきた子どもに合った教材選択がしにくい状態なのです。漢字練習用のノートのマス目の大きさでもいろいろあり、子どもによって使えるノートが違ってきます。この予算に関する調整をしてくれるのは事務職です。

私が青空学級担任の二年目の年に転勤してこられた女性主事の山岡さんは、障害児のために組まれた市の予算枠《よさんわく》を活用して、子どもたちの実態に合わせて教材を用意できるよう道をつけてくれました。数学や国語の教材、日記用のノート、漢字ノートも、子どもたちそれぞれにふさわしいものを調えることができました。生徒みんなが興味をもつ調理実習を、ほぼ一学期に一度、計画しましたが、その材料費も捻出《ねんしゅつ》してもらいました。学校の事務職が、子どもに目を向けてくれるかどうかで、学習環境はずいぶんと違ってくることを実感しました。

共に学ぶ

普通学校で障害児が共に学ぶ意味はどこにあるのでしょうか。互いの違いを認め合いながら協同すること、一人ひとりがその個性を伸ばしながら成長していくこと、ではないでしょうか。障害のあるクラスの同級生に、何をしてあげればいいか、どう接していけばいいかわからないという状態が、障害児に対するいじめを起こすこともあります。私たちの学校でも、いじめの発端になるような事件がありました。健常児どうしの間で、「ヨウゴ」「ヨウゴ」と言い合ったりすることも起こっていました。

まず、青空学級を知ってもらうことを考え、私は、学級だよりを書くことにしました。『あおぞら』通信は、一週間に一回程度、全校生徒、教職員に、毎回、配りました。

「青空学級は、何らかのハンディを持つ友達が、少しでも自分でできることが増えるように応援するところである」こと、「人間としての発達の筋道は、どんなハンディを持っている子も同じであり、同じ発達の階段を、青空の子はゆっくりと上っている」こと、を基本におきました。

生徒たちには、「青空学級の生徒一人ひとりの障害について理解してほしい」と同時に、「たとえハンディをもっていても、一人ひとりの仲間ができると思われることは、時間がかかっても自分でやらせてほしい。どうしてもできないことにぶつかって困っていたら手を貸してほしい」と訴えました。

『あおぞら』通信には、

＊いま学習している教科の内容と、一人ひとりの取り組みの様子。がんばっている姿、キラリと光る発言・表現。

＊青空学級の生徒のお母さんたちの声。

＊学校行事にほかの生徒といっしょに参加したときのこと。生徒の感想、みんなとのかかわりの様子。

＊一般学級の生徒に青空学級の授業をみてもらった感想や、障害者問題を学習したあとに書いてもらった感想文。

などを取り上げ、筆談の文字や絵、写真も入れ、具体的に紹介しています。

とくに全校の各クラスで必ず紹介してほしいときには、職員朝会（連絡会）の時に、「この記事の個所は、ぜひ、クラスで読んで紹介してください」とお願いします。クラスによっては、教室の中に、『あおぞら』を貼《は》るコーナーを作ってくれました。

各学年の人権学習の時間に、青空学級の担任として、生徒に話をさせてもらう時間も必ずとりました。その時は、ただ障害児のことばかりを話すのではなく、「皆さんも、いろいろいやなことや困難なことがあると思いますが、負けていませんか。自分の生命《いのち》を輝かせるために、苦手《にがて》なこと一つひとつにぶつかっていこう」と、目の前で話を聞いてくれている生徒の気持ちも聞くつもりで話しました。みな、感じやすく、不安な思春期の中にいる中学生なのです。これは、青空の子どもたちも同じです。

私が自分の障害のこととも関わった話をした時、教室に戻ってからもずっと泣きっぱなしだった男子生徒がいました。担任のまだ若い女の先生によると、ふだんは宿題をしなかったり、投げやりになることが多い生徒だといいます。家は母子家庭で、お母さんが一生懸命働いているとのことでした。しばらくたったある日、その担任の先生が走りよってきて、「先生、彼が宿題をやってきたのです」と、よろこびいっぱいに言いました。あれ以来、少しずつ態度が変わってきたといいます。その後、その生徒は、廊下で会ったりすると、私によく話しかけてくれるようになりました。自分の悩みを相談に来てくれたりもしました。ハンディをもつ生徒のことで、話す機会を得た私が、直接には教えていなかった一人の中学生と、心のかよったつながりを持つことができたことは、うれしいことでした。

二年生の学年全体が荒れていた当時、映画「学校」を全体で見たあと、青空学級の授業のビデオを各クラスで見てもらったことがありました。ほどない日がたって、授業から職員室に戻ってくる先生方が口々に、それまでだらけていた授業が急にどのクラスも集中力が出てきたと、驚いていました。思いがけない生徒たちの反応に、私は、それからは、青空の授業をビデオではなく、教室に来て直接ありのままを見てもらうことにしました。

初めて一般学級の生徒が参観に来てくれたとき、青空の生徒はずいぶん緊張しているように見えましたが、なにか誇らしげな表情がふくまれているのに気づきました。大きな自信がついたようです。生徒の一人に、寛史くんと筆談してもらいました。「みんなが参観してくれてどうですか?」との質問に、寛史くんは、「とてもうれしい」と書きました。

地図記号を学習している時、隆ちゃんが「消防署」とか「畑」と答えると、「あれ、オレ、しらんわ」という男子生徒の声が聞こえました。

「青空学級では、ほとんど遊びのようなことをしていると思っていたら、みんな、必死に勉強していた。」

と感想文に書いた生徒がいました。きっと、それがみんなの実感だったと思います。

生徒たちは、一人ひとり、自分の身にひきつけて、仲間としての目で青空での学習活動を見てくれていたのです。この生徒たちのお互いの「学びあい」――ハンディをもつ仲間が学習している姿から、自ら学ぶ姿勢や生き方を考えること――こそ、中学校における障害児教育に欠いてはならない視点だと思います。

学級集団、学年集団の生徒たちがふれあい、交流するなかから、障害をもつ仲間への支え合いが自然なかたちで育っていくことが大切だと思います。ツッパリKくんが知世ちゃんの手をとって階段を上がっていく姿は、今もはっきり目に浮かびます。

ハンディをもつ生徒どうしの支え合い、交流も大切なことです。

音楽の時間に、声の言葉のない知世ちゃんの手をもってリズムをとってくれたのは、自分も手に緊張があって、なかなかリズムに合わない肢体が不自由なOくんでした。逃げて隠れてしまったり、座り込んで動かなくなってしまうEちゃんに、手を貸して立たせてくれた久くん。Eちゃんを叱《しか》ろうとする私を、腕をつかんでとめたのも、ほとんど言葉の話せない久くんでした。会話のできない寛史くんのそばによって、黙って手を握る、これが道くんの尊敬するセンパイとのコミュニケーションでした。

子どもたちは、仲間なのです。障害をもつ子どもどうし、互いにいたわり、影響しあって成長していくのです。教師とのマンツーマンの関係だけからは出てこない、豊かな表情、感性、さまざまな力が、集団生活でのかかわりの中で発揮されることを、私は幾度《いくど》も教えられました。

障害児学級には、知的障害、ダウン症、自閉傾向、脳性まひによる肢体不自由、聴覚障害、視覚障害など、さまざまなハンディをもつ子どもが集まります。生徒の人数も、その年によって異なります。途中で入って来ることもあります。障害の程度もさまざまです。重度の生徒にはマンツーマンの指導が必要になる場合もあり、状況に応じた体制をとらなければならなくなります。青空学級の担当者はその後三人になりましたが、担当者だけでは時間割が組めないこともありました。このような時、一般学級の先生たちが、一時間、二時間と自分の時間を割《さ》いて、快く応援に入ってくれました。私はピアノがひけないので、音楽科の先生に来てもらったり、手作業の授業をふやすために、技術家庭科の先生に加わってもらったこともありました。松原六中では、私の授業の限度を、一般学級担任と同じ週二十時間としてくれました。同僚教職員の応援で私が助けられたことはもちろんですが、理解あるいろいろな先生と接することができた生徒たちにとっても、恵まれた時間になったと思います。

子どもたちとともに

二〇〇〇年三月、私は退職しました。社会科の教師としてスタートし、三十一年間勤めた中学校での教師生活のなかで、九年間、障害児学級を担任したことになります。

右股関節全廃という障害をもつ私は、障害児の教育について気にはなっていましたが、大学で「障害児教育」のための専門教育をうけたわけではありません。

教師になってすぐに、義務教育課程の学校に障害児が在籍し、その数が年々増えてきていることを知って、うれしい思いがしました。かつて、障害のある子どもは、他人の目から隠すようにして育てられがちで、就学猶予《しゅうがくゆうよ》という名のもとに、家庭に閉じ込められてしまうことが多かったのです。

一般学級の担任の時は、私は、障害児の原学級担任として、できるだけ関わろうとしてきました。原学級担任になると、朝と帰りのホームルーム、掃除時間、昼食時間、道徳の時間、特別活動の時間、校外学習や体育大会はじめ、いろいろな学校行事などで、ほかの学級とは違ったクラス活動としての取り組みをしなければなりません。正直に言うと、容易ではありませんでした。担任したクラスのやさしい子どもたちに助けられてできたのです。

前任校ではじめて障害児学級の担任になったとき、私はとても張り切っていました。けれども、しばらくすると、なにか違うことに気づきました。私は、教育の具体的成果を、見える形ですぐ手に入れようと、力み、あせっていたのだと思います。

コミュニケーション障害のある子どもたちに共通していることは、鉛筆を持ったり、ハサミなどの道具をつかう時に、力が入りすぎる、力の加減ができない、ということがあります。自閉傾向の子どもが自傷行為をやめられないときは、全身に力が入り、緊張状態になります。ほかの障害をもつ子どもも程度の差こそあれ、同じようなことが言えます。感情のコントロールが十分にできないことがある、という点では、一般学級の子どもたちも同じかもしれません。

なかなか声を出さない子どもたちに、大きな声で楽しく歌おう、と言っても通じません。「誰に聞こえるように歌いたい？」とたずねると、「お母さん」とか、「クラスの友達」と言います。「お母さんに聞こえるようには、もっと大きな声でないと無理だね」、「よーし、じゃあ四階にいるクラスの友達に聞こえるようにね」と声をかけると、本当に大きな声になりました。

みんな朗読がすきなので、Oくんが一字、一字しっかりとプリントの文字を押えて読むのをシーンとして聞いています。ゆっくりとしか読めなくても、Oくんは満足なのです。みんなも満足なのです。

子どもたちがほんとうに魅力を感じて学習に参加してくるなかで、笑顔が出、笑い声が出、緊張がゆるみ、心と身体を開いていくのです。

自閉傾向のある子どもには、何らかのこだわりや常同行動があります。時としてマイナス行動とされることが多いのですが、それをただ止《や》めさせるのでは、子どもとの人間関係はつくってゆけないと思います。そのこだわりや常同行動こそが、言葉の出ない子どもの示すコミュニケーションへのヒントです。時計を〝チョウダイ〟して、ガラスを舐《な》める、という知世ちゃんのこだわり行動が、私の知世ちゃんへの入り口でした。

こだわり行動にあるとき、子どもは、誰かにかまってもらいたかったり、落ち着かない自分の心の均衡をはかっていたり、時間をどう過ごしたらいいかわからない状態にあることが分かりました。成長へのエネルギーが込められた表現でもあります。力で禁止することも、「またやっているか」という無関心も、その声を聞き逃すことになります。

教師には、言葉以外のコミュニケーション能力が求められていると思いました。

青空学級で仲間といっしょに学ぶ中で、文字と言葉が結びつき、自分を表現し、新しい世界が広がるにつれ、今まで、もやもやしていた自分の心を少しずつ確かにつかんでいった子どもたちでした。〝ひとがすき〟になり〝じぶんがすき〟になった子どもたち。教えることは学ぶことであり、共に生きることであることを私に教えてくれました。

退職後も、私は、作業所で働く様子を見に行ったり、〝同窓会〟をして、子どもたちに会っています。毎年、十二月には、クリスマスプレゼントをもって、十二人の卒業生の家を訪問することにしています。今年はEちゃんに会えるでしょうか。

あとがき

いま、知世さん、ゆかりさん、隆広くん、久くん、寛史くん、Iさん、Yさんは、松原市の作業所で元気に働いています。テルくんは、作業所から行った職場実習で認められ、その会社に就職できました。Oくん、和也くんは、他市の作業所です。道くんは、大阪職業リハビリテーションセンターで訓練を受け、このほど就職が決まりました。それぞれの場で、次つぎと新たな試練に出合っていますが、もう、私が具体的なかたちで支援できることは少なくなりました。

ゆかりさんからは、いまもほとんど毎日、電話がかかります。以前は夕食準備中のいちばん忙しい時間帯だったのですが、お願いして、八時から九時までの間にかけてもらっています。「明日はどこへ行くの?」の質問は、「明日はどこかへいかれるんですか?」に変わっていますが、「一番好きなゆかりちゃん」でないといけないのは、変わらないようです。

ゆかりさんは、「カッターの仕事がんばったよ」「知世ちゃん、何もいわないと仕事しないらしいよ」と、青空学級の卒業生たちの様子をいろいろ知らせてくれます。時どきデイトして買い物につきあいますが、娘さんらしく、化粧品やアクセサリーも買うようになりました。

私は、退職後、自閉症の子どもの教室を開いたり、登校拒否・不登校の教育相談に関わったりしています。

＊

この本は、月刊誌『未来』四一二号－四三五号（二〇〇一年一月－二〇〇二年十二月）に二十四回にわたって掲載された「あおぞらの子どもたち」を一冊にまとめたものです。青空学級で子どもたちが教えてくれたことを、少しでも多くの方に伝えることが、自閉症など、さまざまな障害をもつ子どもたちへの理解、とくに、子どもたち一人ひとりの「心の世界」を理解していただくことにつながればと願って綴りました。

お子さんの大切な生いたちの記録や在級中の「連絡帳」をお送りくださり、掲載をご承諾くださるなど、保護者の皆様には多くの面で助けていただきました。心よりお礼を申しあげます。

青空学級担任当時、さまざまなかたちで応援してくださった、松原六中の生徒、保護者、地域の方がた、事務職員、技能員、そして教師仲間の皆様に、いま、あらためて感謝申しあげます。本ができるまで、本間トシさん、天野みかさんのお世話になりました。

ありがとうございました。

二〇〇六年十月一日

三浦　千賀子

教科書に掲載されていた詩歌以外の詩の引用は、教材に使用した左記の本によります。なお、読み仮名を付したものもあります。

武鹿悦子「花火」『新・教材詩集：子どもと共感しあう30詩人の120篇』（授業研究所、坪井祥編著）フォーラム・A、一九九五年
星野富弘『四季抄　風の旅』立風書房、一九八一年
まど・みちお「虹」『まどさんの詩の本　宇宙はよぶ』理論社、一九九七年
真壁　仁「峠」『ポケット詩集』（田中和雄編）童話屋、一九九八年
新川和江「教えてください　どこにいればいいのか」『子どもといっしょに読みたい詩』（小林信次・水内喜久雄編）あゆみ出版、一九九二年
工藤直子「あいたくて」「こころ」『小さい詩集　あいたくて』大日本図書、一九九一年

三浦千賀子（みうら　ちかこ）

1945年１月生まれ。

1969－2000年　大阪府松原市立松原第三中学校、松原中学校、松原第六中学校で教師生活。社会科と、松原中学で４年、松原第六中学で５年間、障害児学級を担任。

現在　大阪教育文化センター：親と子の教育相談室相談員、全国障害者問題研究会会員。

大阪府堺市槇塚台在住

自閉症の中学生とともに
――松原六中・青空学級担任日誌――

2006年12月15日　初版第１刷発行

定価（本体1800円＋税）

著　者　©三　浦　千賀子
発行者　西　谷　能　英
発行所　株式会社　未　來　社

〒112-0002　東京都文京区小石川3-7-2
電話・代表（03）3814-5521／振替00170-3-87385
http://www.miraisha.co.jp/　E-mail:info@miraisha.co.jp

印刷＝スキルプリネット／装本印刷＝形成社／製本＝五十嵐製本
ISBN4-624-41090-4　C 0037